新人諸君!!「できる営業」になる50のコツ

駒井俊雄 著

セルバ出版

はじめに

おめでとう！

これから営業担当になる君を心から祝福したい。

君が新入社員なのか、配置換えになって営業になったのかは知らない。でも、営業に関わることになったのは幸運だ。

本当にそう思う。

若いうちから営業という仕事ができることは、君にとって人生の宝物となるだろう。

営業は、あらゆる仕事の中でも、最も多様な能力が必要とされる仕事だ。

知識も、思考力も、対人関係能力も、人前で話す力も、咄嗟の決断力も、粘り強い行動力も、高度なレベルで必要になる。

確かに難しいこともある仕事だ。

しかし、営業をそれなりのレベルでこなせるようになった者は、ほかの仕事でもこなせるようになれる。

営業で一流と呼ばれるようになれば、どんな仕事でも一流の成果を残せるだろう。

だから若いうちから営業を経験しておくのは、君のキャリアにとってとても有益なことなのだ。

ところが、どうだろう。本音として、君は営業を志望していたのだろうか。

実際のところ、多くの新入社員が、営業に配属されることを嫌がっている。入社面接の時に営業を志望するのは方便に過ぎない。本当は、営業になりたくないと思っている者が多いようだ。

無理もない。実を言うと、私も新入社員のとき、営業に配属されて不安でたまらなかった。営業には、きつい、つらい、というイメージがある。朝から夜まで駈けずり回り、顧客の無理難題に耐えて、ひたすら頭を下げて頼み込んで買っていただく、そんな仕事だと思い込んでいた。

営業部の先輩や上司は体育会系体質そのままで絶対服従を強いてくる。ちょっとしたミスも許されない。

何より営業には販売ノルマがある。毎日がノルマに追いたてられて、ようやく達成したと思えば、すぐに次月のノルマがやってくる。達成しないと、落第生のような扱いを受けてしまう。

私自身が、営業とはそんなつらい仕事だと思い込んでいたものだ。いくつかは当たっていた。つらいこともあった。正直に言って、辞めたいと思ったときもあった。

しかし、それから数十年、ずっと営業ひと筋でやってきて、今はこの仕事でよかったと心から思っている。

営業は、決して理不尽に耐える仕事ではない。体力勝負のごり押しでなんとかする仕事でもない。ましてや、顧客に頼み込んで買ってもらうような情けない仕事ではない。

営業は、論理的に、実証的に、誠実に、顧客や社会にとって必要な価値を生み出す唯一無二の仕事だ。優秀な営業は、会社にも、顧客にも、社会にも求められ、感謝される、なくてはならない存在となる。

営業の本当の素晴らしさ、楽しさを理解できたならば、君もこの仕事のことを誇りたくなるはずだ。ぜひ、そうなってほしい。

これから伝えるのは、君が営業を楽しみ、充実感をもって取り組めるようになれる50のコツだ。私が新人営業だった頃に聞きたかったことばかりを厳選したつもりだ。

難しいことは言っていない。基本的なことだけを伝えるつもりだ。

しかし、この基本を身につけるだけで、君の営業としての人生は素晴らしいものになるだろう。どうか1つひとつを胸に刻んでほしい。そして立派な営業として、社会の役に立つ人になってほしい。

何より、君自身が、充実した会社人生を送ってほしいと願っている。

駒井　俊雄

2020年3月

新人諸君!! 「できる営業」になる50のコツ　目次

第3章　アプローチ

第4章　ヒアリング

第5章　プレゼンテーション

第6章 クロージング

第7章 アフターフォロー

第8章　セルフ・モチベーション

第1章　営業の心得

1　営業は会社の中で最も顧客に近い存在である【営業とは何か】

営業は顧客のことを一番理解している

営業は、あらゆる仕事の中で、最も重要な存在だ。重要ではない仕事などないのだが、その中でも一番重要なのが営業だ。

考えてみてほしい。ビジネスで最も大切な存在は顧客だ。すべてのビジネスは顧客から商品やサービスの代金をいただいて成り立っている。顧客以外に会社に収入をもたらすものはない。それはわかってもらえるだろう。そんな大切な顧客に一番近い存在が営業なのだ。

営業は日々、顧客と接している。顧客担当者と身近に接して人となりをわかりあい、その顧客の会社の雰囲気や動きをよく知っている。担当者を通じて、顧客の会社の状況を把握し、時には経営者と挨拶し、商談することもある。

君の会社に収入をもたらす顧客の会社のことを一番知っているのが、営業担当である君なのだ。

会社のどんな職種や役職の人も、企画も、技術も、生産も、経理も、君が担当する顧客のことを知りたければ、君に尋ねるしかない。君が代弁する顧客の声には、社長といえども耳を傾けなければならない。

何しろ、商品の生産計画も、新商品の企画も、設備の投資計画も、顧客の考えや動く方向を無視

【図表1　営業とは何か】

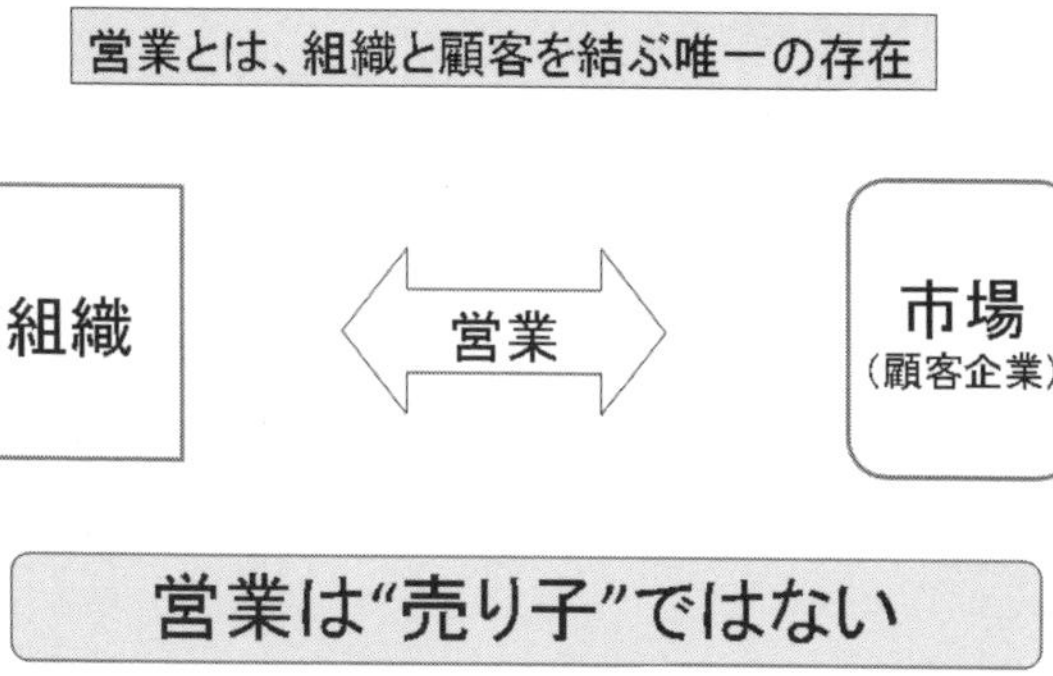
営業とは、組織と顧客を結ぶ唯一の存在
組織
営業
市場
（顧客企業）
営業は“売り子”ではない

してはつくることができない。顧客の動向や変化に合わせて、会社のあり方も変えていかなければ、厳しい競争を生き抜くことはできない。

言うなれば、顧客の考えを理解できなければ、会社は立ちいかなくなる。その意味で、会社全体が営業である君に期待している。君のもたらす顧客の情報がなければ、会社は正しい方向を探ることもできない。優秀な営業は、必然的に、会社全体を動かす立場になっていくのだ。

営業は会社を代表する存在

一方、顧客側にとっては、営業はその会社を代表する存在だ。顧客は常に、営業を通じて会社と接している。

担当する営業が、しっかりしていて好感の持てる人であれば、会社そのものの印象もよくなる。逆に、営業がだらしなくて軽薄な人間であれば、そのような会社なのだろうと見くびられてしまう。

新人営業だからといって、気を抜いてはいけない。いい意味でも悪い意味でも、営業は会社を代表する人間と見られるのだ。

だから、営業は単に指示された商品を売りに行くだけの「売り子」などではない。

営業とは、会社にとって顧客に最も近い存在であり代弁者だ。顧客にとっては、会社を代表する存在だ。そのように重要な存在であることを忘れないようにしてほしい。

2　売るだけの営業は半人前だ。もっと大切な役割がある【営業の役割】

営業の今と昔

ひと昔、ふた昔前までの営業の中には、「売上さえあげていれば、すべて許される」という考えを持つ人もいた。普段はちゃらんぽらんでサボっていても、いざというときの動きが鋭く、月末には帳尻を合わせてしまう。遅刻も多いし、外出したといっても、喫茶店で居眠りしていたりするような輩が、売上目標は達成しているというだけで、大きな顔をしていた。私の若い頃は、そんな先輩営業がプロっぽくて、かっこいいと思う風潮さえあったものだ。

しかし、いまの営業はチームで動いている。大切なのはチーム全体の成績だし、会社全体の業績だ。チームには戦略方向性と作戦があり、それぞれがフォーメーションを組んで動いている。勝手な行動をとる者は評価されない。いくら個人成績がよいといっても、チーム全体の業績が優先されるのは当然だ。チームの方針に沿わない行動をとる営業は、むしろ害悪だと見なされる。

【図表２　営業の役割】

知る	顧客や市場のことを正しく理解する
伝える	会社の考え方や姿勢、できることなどを顧客に正しく伝える
達成する	割り当てられた販売目標を達成する

もちろんたいていの営業には販売目標があり、その達成は重要な役割だ。その役割を否定するつもりはない。しかし、販売目標を達成するだけで大きな顔をしてはいけない。売るだけの営業など、とても一流とは言えない。

営業の３つの役割

私が考えるに、顧客と会社の間に位置している営業には、３つの大きな役割がある。

①顧客や市場を正しく理解し、的確に会社に伝えること
②会社の考え方や姿勢、できることを顧客に正しく伝えること
③割り当てられた販売目標を達成すること

この３つの役割を果たしてこそ、一流の営業だと認められる。チームの成績を優先する立場からすると、③の個人成績よりも、①②の役割が重要視されてくるのは必然だ。

だから、大切な役割のうち、個人成績がいいだけの営業など大きな顔をしていいはずがない。

誰にだって成績が振るわない時期はある。新人の頃ならな

おさらだ。悩む気持ちはわかるが、そんな時期にこそ恥じることなく、自らの役割を果たすことに注力しよう。会社は、新人営業に成績だけを求めているわけではない。

会社はチーム内での役割を果たす君の行動を見ている。役割を果たそうとする者への評価はゆるぎない。無理に背伸びせず、自分としてできる努力を続けてほしい。

3　ネットや新聞、雑誌、書籍など、情報はあらゆるところにある【情報収集の方法】

現場のリアルな情報

営業は「知る」仕事だ。顧客や市場の情報を集め、理解し、正確に会社に伝えなければならない。最も大切なものは、現場のリアルな情報だ。営業でしか知りえない現場からの直接情報は、何にも代えがたい貴重な情報となる。

現場で実際に起こったこと。直接見たり聞いたりしたこと。顧客からこっそりと打ち明けられたこと。顧客の表情を見て読み取ったこと。こうした情報については、会社も営業に頼るしかない。

新人営業が事前に知っておくべき情報

だが新人営業としては、それ以前にやるべきことがある。顧客や市場、業界の情報を事前にある程度、知っておくことだ。

顧客は暇ではない。何の知識もない能天気な新人営業に一から業界のことを教えてくれる親切な人ばかりではない。貴重な時間を他社の営業の教育に割きたいとは思わないのが普通だろう。最低限の知識は、顧客に会うための前提となる。

社内の取引記録を確認する

先輩から引き継いだ顧客なら、過去の取引記録を確認したい。当然ながら、これがまず必要だ。過去の取引経緯を知らないまま、顧客に会いに行くことは止めたほうがいい。資料が膨大でどこを読めばわからない場合は、迷わず先輩や上司に聞けばいい。要点を説明してくれるはずだ。

顧客企業のホームページを確認する

新規顧客の場合や、さらに新しい情報を知りたい場合は、自分で収集しなければならない。ただ、そんなに難しく考える必要もない。最低限の知識なら、簡単に手に入れることができる。

今はたいていの情報はインターネットで手に入れることができる。スマホを活用するのは、君たち世代のほうが長けているだろう。

ほとんどの会社はホームページを持っているので、必ず確認することだ。そこには、その会社が伝えたいこと、知ってほしいことが書かれている。まさに情報の宝庫だ。隅から隅まで読んで、見て、顧客と話す材料にすればいい。画面をプリントアウトして持って行ってもいい。営業がホームページの細かな部分まで確認しているのを知ると、少なからず嬉しいはずだ。

1回目はそれでいいが、2回目、3回目になると追加情報がほしい。それが業界情報だ。

業界によって企業の意識や姿勢は変わる。競争が激しい業界もあるし、そうでない業界もある。市場規模が拡大している業界、衰退している業界。技術革新が進んで勢いのある業界、構造改革期にある業界。海外進出が盛んな業界、国内回帰が始まっている業界もある。そのあたりの状況はつかんでおきたいものだ。

関連書籍、経済新聞や経済誌を読む

業界全体の概要を知るには、関連書籍を読むのがいい。就活用の書籍などは、全体の流れがわかりやすくまとまっているのでおすすめだ。

全体の概要をつかんだ上で、経済新聞や経済誌を読むのがいい。できればインターネットで業界検索できる状況が望ましい。

日本経済新聞の場合は、有料会員になれば、過去の記事を検索できる。企業名や業界名で検索すれば、たいていの出来事や経緯をつかむことができる。各種経済誌もオンラインサイトを持っていて、有料会員になれば、すべての記事を読むことができる。そこまで費用をかけられないという場合は、公開している無料記事を参照するだけでもよい。検索して辿れば、多くのことがわかるだろう。

情報の整理には、Ｅｖｅｒｎｏｔｅを活用する

気になる記事や情報は、Ｅｖｅｒｎｏｔｅに保管しておけばいい。

Ｅｖｅｒｎｏｔｅは、情報を保管・整理することに特化したウェブ・サービスだ。ウェブ上の情報でも、紙の記事でも、取り込むことができる。業界ごとにタグをつけて保管しておくだけで、君だけの有用なデータベースになる。Ｅｖｅｒｎｏｔｅは、無料でも使えるが、有料会員になっても年間３０００円程度だから、その程度は投資してもいいだろう。

今すぐに理解が進まなくても焦る必要はない。経済新聞や経済誌を読むクセをつけるだけでも意味がある。いま全体像が理解できなくても、半年も続けていれば、わかるようになる。続けることが大切だ。

そうして自分で調べた上で、概要を先輩や上司に聞くとよい。何も知識がない状態で聞くよりも、はるかに理解できるので、効率的だ。先輩や上司も、自分で努力した後に聞いてくる者には、丁寧に教えようと思うはずだ。

君に後輩や部下ができたとき、顧客のことや業界のことをいつでも教えられる営業でいてほしい。そのためにも、自分で知識を得る努力を続けることだ。

君のような若い営業が、業界の最新情報や、競合企業の動向などを話題にすると、顧客は君の価値を認めて、尊重するようになるはずだ。

そういう細かなことが、営業としての君の実力に加算されていくことを忘れないでほしい。

【図表３－①　営業が知るべき３つの情報】

現場情報	現場のリアルな情報。 現場の様子、雰囲気、動き、細かな人事など。 営業しか知りえないので最も重要。
顧客情報	顧客自身の情報。 社内の取引記録、顧客のホームページ、その他ネット情報を事前に調べておく。
業界情報	顧客が所属する業界の情報。 日本経済新聞や経済誌などで調べる。日本経済新聞は、有料会員になるとネット検索ができる。

【図表３－②　チェックしておきたいビジネスオンラインサイト】

経済新聞 日本経済新聞の有料会員になれば、他はいらないぐらい充実している。	日本経済新聞　https://www.nikkei.com/ サンケイビズ　https://www.sankeibiz.jp/
経済誌 それぞれが読者を意識した特徴のある記事を掲載。無料記事をチェックするだけでも参考になる。	日経ビジネスオンライン　https://business.nikkei.com/ 東洋経済オンライン　https://toyokeizai.net/ ダイヤモンド・オンライン　https://diamond.jp/ プレジデント・オンライン　https://president.jp/
その他 経済専門誌とは違った視点からの記事が読める。生々しい情報もあり、チェックしておきたい。	現代ビジネス　https://gendai.ismedia.jp/ ビジネスジャーナル　https://biz-journal.jp/ ITMediaビジネス　https://www.itmedia.co.jp/business/ ForbesJapan　https://forbesjapan.com/

Evernote　※興味のあるオンラインの記事はEvernoteに保存しておくと便利

4　営業は会社の看板。会社の代表だと思いながら顧客に接すること【会社の情報の伝え方】

伝える仕事

営業は「伝える」仕事だ。会社の姿勢やあり方、できること、やろうとしていることを正確に顧客に伝えなければならない。

提供する商品やサービスを正確に伝えるというのは、その1つだ。営業として、商品の内容、保証、メンテナンス、アフターフォローを含めて理解しておかなければならない。

だが、商品やサービスの内容を伝えるだけが、営業の「伝える」仕事ではない。

会社の理念や方向性を伝えるのも営業の仕事だ。今日の社会や経済環境の変化をどう捉えて、どう乗り越えようとしているのか。進化する技術をどのように取り入れようとしているのか。働き方改革については、どのように進めていくのか。こうした内容について、会社の姿勢や方針を知っておかなければ、顧客から質問されたときに答えられない。

自社の理念を伝える

まず何よりも自社の理念を理解し、顧客に伝えてほしい。

理念とは、会社のあり方、存在意義を定義したもので、自社の従業員だけではなく、得意先や周辺住民などに広く周知させるべきものだ。だから、顧客と接する営業は、理念を理解しておかなければならない。

会社によっては、経営理念という言葉ではない場合もある。社是、ミッション、クレド、様々な言い方がされるものだ。

新規開拓の場合、自社がどういう会社かを相手に伝えることは必須だから、正確に理解しておきたい。特に海外の顧客は、理念を重視する傾向にあるので、気を付けてほしい。

残念ながら、理念が形骸化している会社も多い。そんな会社だと理念について話題になることすらないだろう。だけど、せっかくの機会だから、上司や先輩と自社の理念について話し合ってみることをおすすめする。

自社のカラーを伝える

理念が言葉になっていないとしても、どんな会社にもカラーがある。品質を過剰に重視する会社、新製品の開発に力を入れている会社、販売力で勝ち残っている会社、自由な雰囲気の会社、規律の厳しい会社、失敗を恐れない会社、慎重で重厚な会社。

自社のカラーをあらためて知ることで、会社のあり方や存在意義がわかってくるものだ。「自社のカラーって何でしょうか」と話題にするだけでも、意味のある話し合いができると思う。

【図表４　営業が伝える情報】

経営理念	自社の在り方、存在意義を定義したもの。 社是、ミッション、クレドなど様々な言い方がある。 理念は、その会社の「カラー」につながる。
戦略方向性	自社の戦略、進もうとしている方向性のこと。 顧客にとって今後の関係を判断する材料となる。
商品 サービス	自社の商品やサービスのこと。 実際の取引のために必要な情報。

正確に知らなければ、伝えることはできない。
営業の「知る」と「伝える」はつながっている。

自社の戦略方向性を伝える

理念から導き出されるのが、会社の戦略方向性だ。「最先端の技術を積極的に取り入れた製品開発を進める」「誰も手をつけていない隙間市場でトップになる」「地域密着の営業を進めて、ナンバーワンの地域を増やす」。

こうした方向性は、顧客にとっても重要だ。方向性が明確であれば、これからも関係を深めるべき会社かどうかの判断材料となる。営業として、会社の方向性や方針を伝えられるようにしておいてほしいものだ。

顧客から「御社の理念は？」「どんな方向性を持っている？」とあらためて聞かれることはあまりないだろう。営業も、ことさら自社の理念や方向性について語る機会はないかもしれない。それでも、1年に1回でも、2年に1回でも、機会が訪れたときに、正確に語れる営業になっていてほしい。それが自社を伝えるということであり、厚みのある営業ということだ。

それに、自社の理念や方向性を理解している営業は、顧客企業の理念や方向性についても、理解することができるはずだ。顧客がどのような基本理念を持っていて、どのような方向性を打ち出しているのかを理解することは、自社の営業活動に必要不可欠なものだ。

このように営業の「知る」と「伝える」はつながっている。

5　営業が最初にやるべきこと【営業が自信を持つ方法】

メラビアンの法則

アメリカの心理学者アルバート・メラビアンは、言葉と声色や態度が矛盾した状態において、相手がどう受け取るかを実験した。例えば、言葉で「あなたが好きです」と言いながら拒否的な声色や態度を示す場合などだ。

それによると、「言葉」は7％しか信用されず、「声」が38％、「ボディランゲージ」が55％だったという。この7％、38％、55％は有名な「メラビアンの法則」と呼ばれている。

自信がない営業は信用されない

これを営業に応用すると、どうだろう。君が、顧客を訪問して、言葉では威勢のいいことを言ったとしても、声色や態度が不安そうであれば、顧客も不安になってしまう。まるで君の言い分は信用されないだろう。

　初めの頃は不安なものだ。私もそうだった。強がっても見透かされてしまう。心の底から自信を持たなければ、どうしても態度に出てしまう。新人なら仕方のないことかもしれない。

　しかし、いつまで経っても不安でおどおどしていたのでは仕事にならない。経験を積んで自然に自信が湧くのを待っていたのでは遅すぎる。自分なりに自信を持つ努力をしてほしい。

自社商品やサービスを誰よりも理解する

　営業として自信を持つ方法を1つだけ教えよう。それは、自社商品やサービスのことを誰よりも理解することだ。

　何を当たり前のことを言うんだと思うかもしれない。自社商品やサービスのことを理解するなんて、営業部に配属されて最初にしなければならないことだ。

　しかし、案外できていない者が多いのも事実なのだ。この努力をするだけでも、頭1つ抜け出すことができる。新人の頃の小さなリードは、のちのち大きな差になって現れるから、小さな努力を大切にしてほしい。

　自社商品やサービスを理解するなんて当たり前だと言ったけど、実際にやってみると難しいものだ。顧客もよく知らないし、現場経験も乏しい中、商品やサービスの細かな仕様や内容まで理解するのは大変だ。しかし、理解しようとする努力が、商品やサービスだけではなく、顧客や現場やビジネス全体の理解につながっていくことは間違いない。

できれば、先輩や上司が、細かな仕様を君に確認するほど詳しくなってもらいたい。それだけで君は重宝される。営業としての居場所ができたことになる。

仕様だけではない。商品の歴史や開発経緯、開発者の努力秘話も知っていてほしい。顧客に語らなくても、知っていることが営業としての厚みとなる。

自社商品やサービスだけではなく、競合他社の類似商品やサービスについても同程度に詳しくなると、それはもう営業としての武器になる。顧客の悩みを聞いたり、悩みを解消する案を提案したりする際に、即座に競合製品と比較することができれば、自分だけではなく、顧客にとっても理解しやすい営業ができるようになるだろう。

商品知識は営業として最初の武器となる

顧客にとって、「営業は会社の代表だ」と言った。

会社の代表ならば、自社の商品やサービスを完璧に理解しているのは当然だ。少なくとも顧客はそう考えている。

それなのに、勢いだけで顧客の前に出てしまう営業が多い。

顧客も、新人営業に完璧さを求めているわけではない。新人は新人だ。前向きさと行動力があればいいと思うだろう。妙に達観したおじん臭さよりも、うさん臭さと紙一重の抜け目なさよりも、

【図表５　営業が自信を持つ方法】

自信がない営業は、不安が態度に出てしまう。
不安は顧客に伝わり、任せる気になれない。
新人営業が、最低限の自信を持つためには、

自社の商品・サービスについて誰よりも理解する

営業経験がなくても知識を得ることは可能

機能・仕様だけではなく歴史や開発秘話なども知っておく

競合との比較ができるようになるとより重宝される

営業としての存在意義となり、顧客に認められる。

何事にも素直でまっすぐで、すぐに動く営業のほうが爽やかで好感が持てる。

しかし、さすがに自社商品やサービスのことをよく理解していないのでは、呆れられてしまう。そんな営業に時間をとられたくないと誰もが思うだろう。

新人の頃は、顧客の前に行くだけで不安だろう。つくろっても見透かされてしまう。強がるのは無駄だ。新人だから至らない部分ばかりだろう。すごい交渉力やテクニックがあるわけではない。修羅場の経験もない。すぐには判断できない場面も多いだろう。

だけど、少なくとも自社商品やサービスの理解が充分であれば、顧客にとって意味のある存在となる。それは、君の最初の武器だ。君に営業としての自信をもたらしてくれる。

だから、君がまず努力すべきは、自社商品やサービスを理解することだ。経験のない新人でもできることなのだから、必ず取り組んでほしい。

6　営業に最も必要な資質は「誠実さ」。それを忘れなければ一流になれる【営業に必要な資質】

優秀な営業もすべての能力が高いわけではない

これまで多くの営業を見てきた。優秀な人もいたし、そうでない人もいた。

営業として優秀だと思える人はたくさんいるが、そのタイプは様々だ。

元気があって喋り好きで周りを自分のペースに乗せてしまう人もいる。逆に物静かで無駄な口をきかず淡々としている人もいる。技術的な知識が凄まじく豊富で、顧客に技術指導をしてしまう人もいる。人の気持ちを読むのがうまく、顧客の心をつかんで離さない人もいる。いかにも体育会系で行動力があり、プロジェクトを主導してしまう人もいる。

営業は多くの能力が必要とされる職種だ。計画性。論理性。コミュニケーション能力。専門性。注意力。視野の広さ。バランス感覚。忍耐力。

そのすべてを高いレベルで持つことができれば超一流の営業だが、実際のところスーパーマンでもない限り、そんな人間はいない。

優秀な営業になるためには1つだけでいい。どこか1つでも抜きん出た特性があれば、間違いなく優秀な営業になれる資質があると言える。

優秀な営業は、自分なりのスタイルを持っている

優秀な人は皆、自分の得意な部分を鍛え、伸ばすことで、自分なりの営業スタイルをつくり上げている。

緻密な計画性を持つ人は、プロジェクト管理を行うようなスケジュールを作成し、水も漏らさぬ着実さで話を進める。

コミュニケーション能力がある人は、関係者の心をつかみ、協力を得て、多くの有力な人たちを巻き込みながら目標達成に向かう。

注意力に優れた人は、顧客が見落としてしまうような細かな部分や死角になっている部分にも注意を向けて拾い上げ、未然にリスクを回避することで、顧客の信頼を得ている。

心身ともにタフでいい意味で鈍感力のある人は、関係者の複雑な思惑を取りまとめ、やや強引に話を進め、やり切ってしまう。

新人時代は営業として基礎力を持つことに注力すべきだが、その時期をクリアして、中堅やベテランクラスになると、その人の個性によって自分なりのスタイルをつくり上げればいい。

いや、自分の特性をよく理解し、スタイルをつくり上げた人たちだけが、優秀な営業として生き残っていく。

だから優秀な営業は総じて個性的だ。それは、無理に目立つためにつくった薄っぺらな個性ではない。自らの本来の資質に則した根のある個性だ。

優秀な営業に共通する特性は「誠実さ」

しかし、1つだけ、優秀な営業に共通する特性がある。一流といわれる人ならなおさらだ。例外はない。

それは「誠実さ」だ。

優秀な人は、営業において、ごまかしたり、ウソをついたりしない。

営業の流れの中で、ついメリットを大げさに言ってしまったり、デメリットを隠したりしたくなってしまうかもしれない。間に合わない納期やとても足りそうにない数量を約束してしまうかもしれない。買う気持ちを見せている顧客の前だとついそうしてしまいたくなる。ひどいときには、在庫の余っている商品をうまく取り繕って、買い取らせてしまうかもしれない。悪魔の誘惑だ。

しかし誘惑に乗ってしまうと、君の営業としてのキャリアは厳しいものになる。顧客はごまかされて買わされたといつか気づく。そうなると君は二度目に買ってくれたかもしれない顧客を失うことになる。その顧客が嫌な気持ちを心に閉じ込めておくという保証はない。おそらく周りの人に怒りの気持ちと共に吐き出すだろう。結果として、君は、数人から数十人の顧客を失うことになる。SNSで拡散されたならば、失う信頼は途方もないものとなる。

幸いにして、顧客が気づかないままで問題が表面化しない場合がある。幸いなのだろうか？　悪い成功体験を得た君は、次もつい同じ手を使ってしまう。その次も。その次も。依存性のある麻薬みたいなものだ。結果、気づいたときには君の悪評は業界にはびこるように伝わり、営業としての

【図表６　営業に必要な資質】

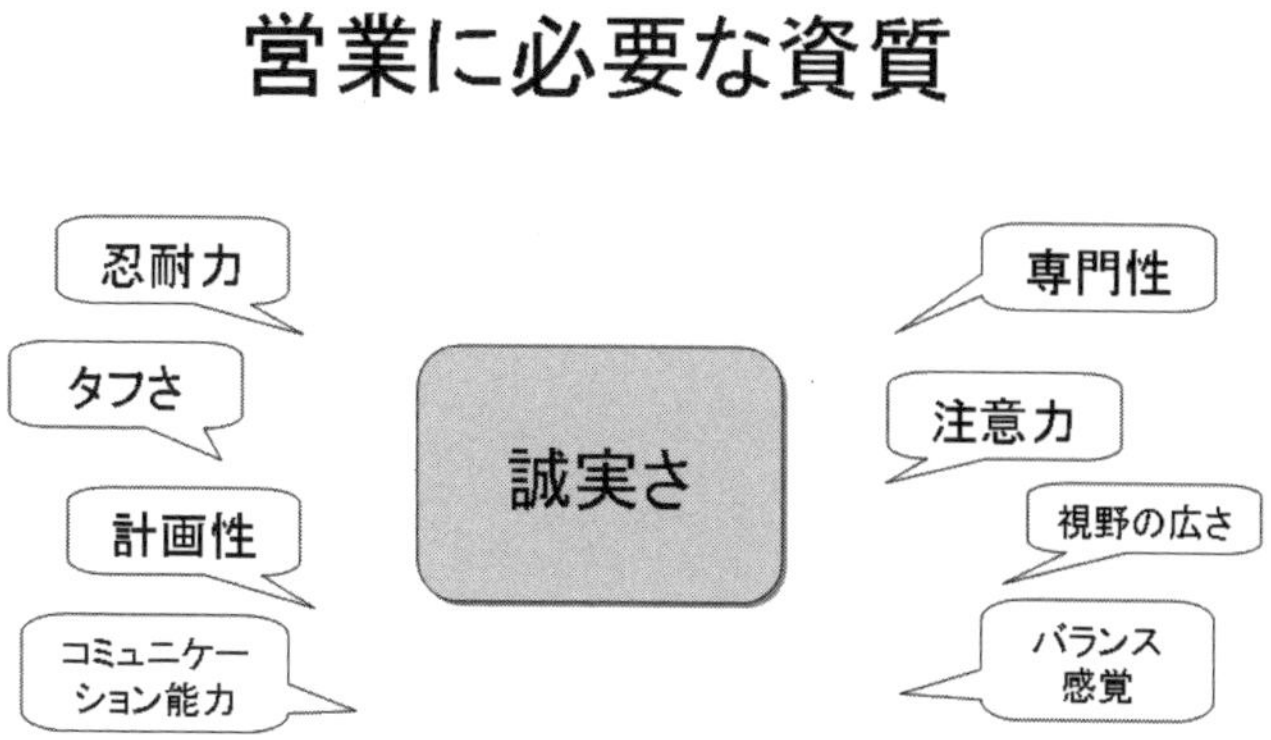
営業に必要な資質
忍耐力
タフさ
計画性
コミュニケーション能力
誠実さ
専門性
注意力
視野の広さ
バランス感覚

価値はなくなってしまうのだ。

色んな会社を転々とする自称プロ営業という人の中にこういう輩がいた。押しが強くて、多少の批判や非難にはへこたれない。それはいいのだが、成果を求めるあまり、ごかましやウソも平気で売ってしまう。最初はいいが、そのうち首が回らなくなる。悪評という借金が積みあがってしまうからだ。結局、違う業界への転職を余技なくされる。まるで焼き畑農業だ。

君にはこうなってほしくない。

営業はウソやごまかしを言ってはいけない

優秀な営業は皆、営業に対して真面目だ。顧客の役に立つために真摯だ。

もし顧客が本当に必要なものに、自社商品が当てはまらなかったとすればどうだろう。競合他社の商品のほうが相応しい場合だってあるだろう。せっかく時間をかけて商談をしてきて、自社商品が合わないとなると、これまでの労力がムダになってしまうかもしれない。

それでも、優秀な営業はウソやごまかしをしない。たとえ競合他社の商品であったとしても、顧客が最も必要としているものを素直にすすめるだろう。それが営業の矜持というものだ。

安直な方法で目先のつまらない利益を求めるのは、その後の大きな成功を捨ててしまう愚かな行為だ。

時代によって社会も顧客も変化していくが、その変化に自分の営業スタイルを合わせ、顧客に寄り添っていこうと努力するのが優秀な営業だ。

「昔はよかった」「昔はもっと売れた」などと言っている人は優秀な人ではない。昔から中途半端だった人の記憶の改ざんに過ぎない。

顧客に寄り添えないのは、営業としての技術が未熟だからだ。未熟ならば、技術の向上に努めなければならない。優秀といわれる人は、皆、問題に誠実に向き合い乗り越えてきた。そうすることでしか、営業としての能力は向上しない。

乗り越えがたい壁に当たったからといって、ウソやごまかしをするのは最悪の選択だ。問題があれば、その都度、真摯に誠実に向き合ってほしい。ウソでつくろうのは安易だが、破綻を先延ばししているだけだ。

もし君が、顧客に誠実に真摯に向き合い、安易なウソやごまかしをしないならば、優秀な営業になる素質があるということだ。努力すれば一流といわれる人たちの仲間にだってなれる。忘れないでほしい。

第2章　ターゲット顧客の設定

7　営業目標達成の7割はターゲット顧客の設定で決まる【ターゲット顧客選定の重要性】

安定した成績を残すには「営業のしくみ」が必要

営業目標の達成は、営業にとって重要な役割の1つだ。たいていの場合、営業には目標がついてまわる。営業である以上、避けようのない宿命だ。

優秀な営業の条件は、いい成績が続くことだ。1年や2年、成績がよい営業はごまんといる。だけど息切れして、凡庸な営業になってしまう人が多い。残念ながら、コンスタントに好成績が続く人は少ない。

成績が安定しない人は、「営業のしくみ」を理解していない。

1年や2年の成績は、勢いや幸運や現場のセンスで何とかなるかもしれない。しかし、5年、10年続けるためには、「営業のしくみ」の構築が必要だ。

営業は3段階で構築できる。①顧客を選択する段階、②顧客と接触して契約する段階、③契約した顧客に次の契約を進める段階だ。

3段階を経て、顧客はリピート客となり、より深い関係になっていく。深い関係のリピート客が多くいる営業は、継続的に成績を残せるようになるし、新規顧客を追い続けなければならない営業は、安定しない。

まずは「営業のしくみ」をよく理解してほしい。優秀な営業は深い関係のリピート客（＝ファン）が多くいる。多ければ多いほど、成績は安定し、継続する。

営業のしくみを意識するかしないかで、優秀な営業と凡庸な営業が分かれていくといってもいいだろう。

「顧客の選択」で営業成績の７割が決まる

さて「営業のしくみ」の中で、最も差がでやすいのは、どこだろうか。

２段階目の「接触から契約まで」は、通常の営業活動だ。しくみを知らない人でも力をいれるから、差がでにくい。しかし、「顧客の選択」と「アフターフォロー」は、やっている人、やらない人の差か極端にでてくる。

私の経験からの言葉になるが、一番差がでるのは「顧客の選択」だ。おそらく７割は、この部分で差が出ている。

多くの営業が「顧客の選択」を軽視している。とりあえず動くという姿勢は営業として大切なことだが、何も考えずにやみくもに顧客のもとへ行くのは効率があまりにも悪い。新人の頃は、経験を積まなければならないから、とりあえず動くというのも間違いとは言えない。が、いつまでもその考えのままだと、疲弊してしまって続かないだろう。

【図表7　営業のしくみ】

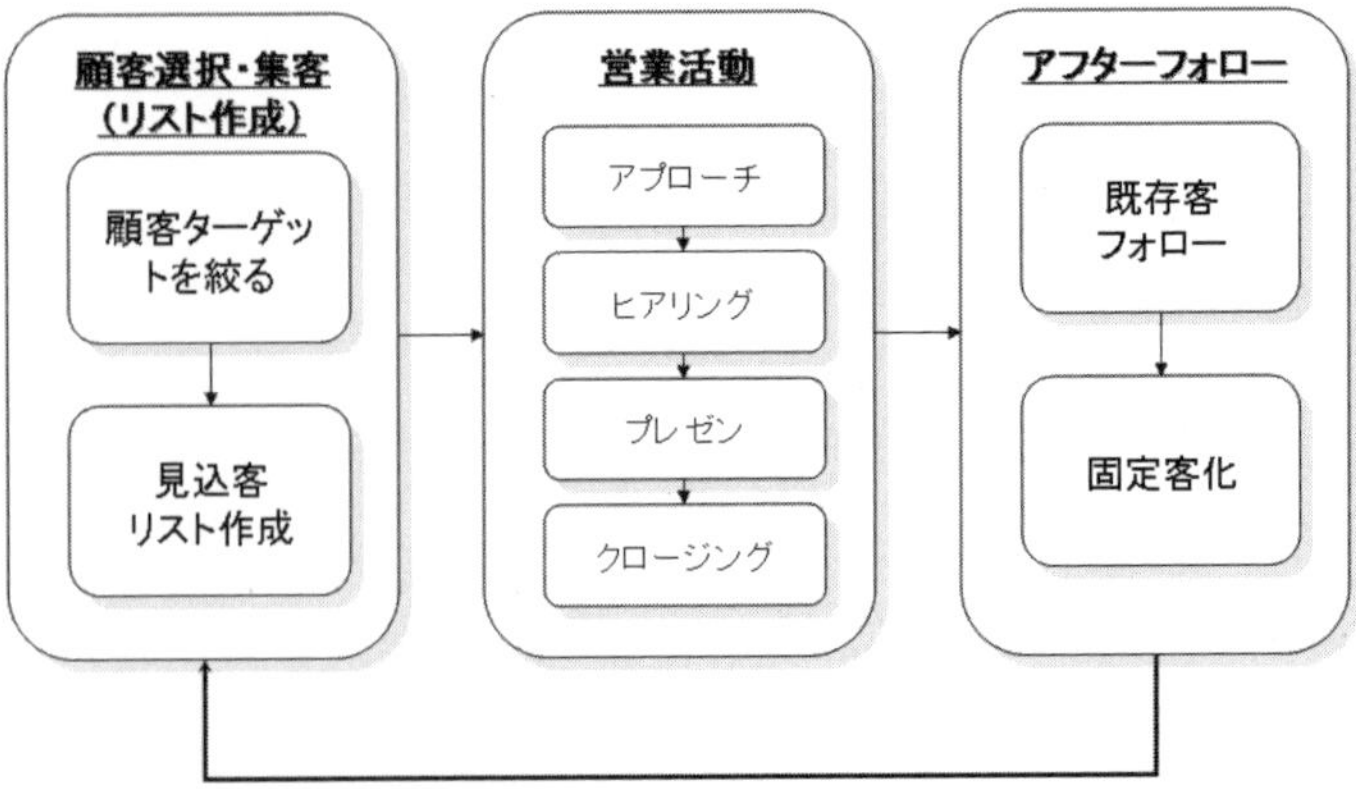

考えてもみてほしい。多く買っていただけそうな顧客を訪問するのと、あまり買っていただけそうにない顧客を訪問するのと、労力はそれほど変わらないはずだ。どちらの機会を多く持つべきだろうか。

あるいは、買いたいと考えている顧客と、いまは必要ないと思っている顧客と、どちらに接触すべきだろうか。

ライバルと親密に関係のある顧客と、それほどではない顧客とどちらに可能性を見出せるのだろうか。

答えを言うまでもない。

優秀な営業、継続的に成績を残せる営業は、このように顧客と接触する前段階のことにもきっちりと取り組んでいるものだ。

いや、むしろ営業が前段階にこそ、しっかりと取り組むことが、継続的に成績を残す秘訣だと言ってもいいだろう。

まさに営業が始まった時点で差がついているのだ。

この章では「見込客の発掘」について伝えたい。

8　営業エリアを見るだけで、ターゲット顧客が見えてくる【エリア戦略の策定】

営業地図の作成

営業活動と地域は切っても切れない関係にある。だから営業活動を始める前に、まずは営業地域をよく観察し、理解することから始めるべきだ。

私が若い頃は、地域の白地図を用意して、そこに様々な情報を書き込むことから始めたものだ。いまはグーグル地図でもいいだろう。自分の担当エリアをモノクロでプリントアウトして準備する。

最初に書き込むのは、君がいる営業所だ。営業拠点をまず書き込む。

次に書き込むのは、取引先だ。法人営業の場合は、１社ずつ「●」をつけて書き込んでいく。多くなってもかまわないので、すべて書き込んでいく。いま取引はないが、可能性のある顧客についても書き込んでいく。一般個人や家庭向けの営業の場合は１軒１軒書き込むことはできないが、地図をさらに小さなエリアに分けて、取引先の多いエリア、少ないエリアに色分けしていけばよい。

次に書き込むのは、ライバル会社の拠点だ。自社、顧客、取引先、ライバル会社、すべて色を変えて書き込んでいってほしい。

完成したエリア地図を見て、何か感じることはあるだろうか。

自社拠点の近くに取引先は多いだろうか。あるいは、取引のない見込客が多いだろうか。ライバル会社の拠点の近くに自社の取引先はあるだろうか。あまりないだろうか。自社の取引先は各地に散らばっているだろうか。あるエリアに集中しているだろうか。

そうしたことを考えながら見てほしい。何か気づくことがあれば、それだけで意味がある。

営業拠点からの距離に着目する

エリア営業で注意すべきは、拠点からの距離だ。取引先が自社拠点から離れているところばかりなら、営業として効率がいいとは言えない。営業にとって、移動時間は避けようがないロスとなる。訪問するだけで2時間もかかる距離にある取引先は、それだけで半日以上とられてしまう。本当にその取引先には訪問しなければならないのだろうか。

実際のところ、取引先への訪問効率を上げるだけでも、営業成績が向上することがほとんどだ。過去からの慣習で、行く必要のない得意先に時間をかけて訪問し、すぐに行くことができる地元の得意先を疎かにしている場合がある。知らず知らずのうちに、非効率が入り込んでいるものだ。

営業所に配属されたら、まず取引先への訪問計画を再考したい。

地元優先の原則

エリア営業の基本は地元を固めるという姿勢だ。地元に近い得意先が多ければ多いほど、効率性が高い。現在、営業拠点に近いのに取引のない顧客はいないだろうか。

通常、拠点に近ければ近いほど、取引しやすくなるはずだ。距離的に訪問しやすいというだけではなく、地元意識も有利に働く。案外、近すぎて死角になっているのではないだろうか。自社拠点の近くにライバル会社の進出を許すのは危険だ。小さな綻びが大きな裂け目となってしまう恐れもある。

反対に、ライバル会社の拠点の近くに自社の得意先はあるか。あればどういう理由だろうか。近い距離にあるところと取引するほうが容易いのに、わざわざ自社と取引しているのはどういう理由があるのだろう。

そんな通常とは違う部分には、営業のヒントが隠されている。その理由を理解すれば、ライバル会社の弱点や、自社が勝てる方法が見つかるかもしれない。

その意味でも地元を固めることは重要だ。普通、ライバル会社の近くにある顧客を奪おうとは思わない。どんな会社だって地元は固めようとしている。奪われたら意地になって、奪い返しにくるだろう。

それなのに、地元の顧客をやすやすと奪われてしまったら、ライバル会社はどう思うだろうか。営業が弱い、隙のある会社だと思うだろう。そんな会社は狙い撃ちされてしまう。

いまは手付かずのまっさらな顧客などいない。新規開拓は常にライバル会社の取引先だ。奪うならば、隙のある弱いライバルを狙うのは定石だ。そう思われてはならない。

【図表8　エリア戦略の策定】

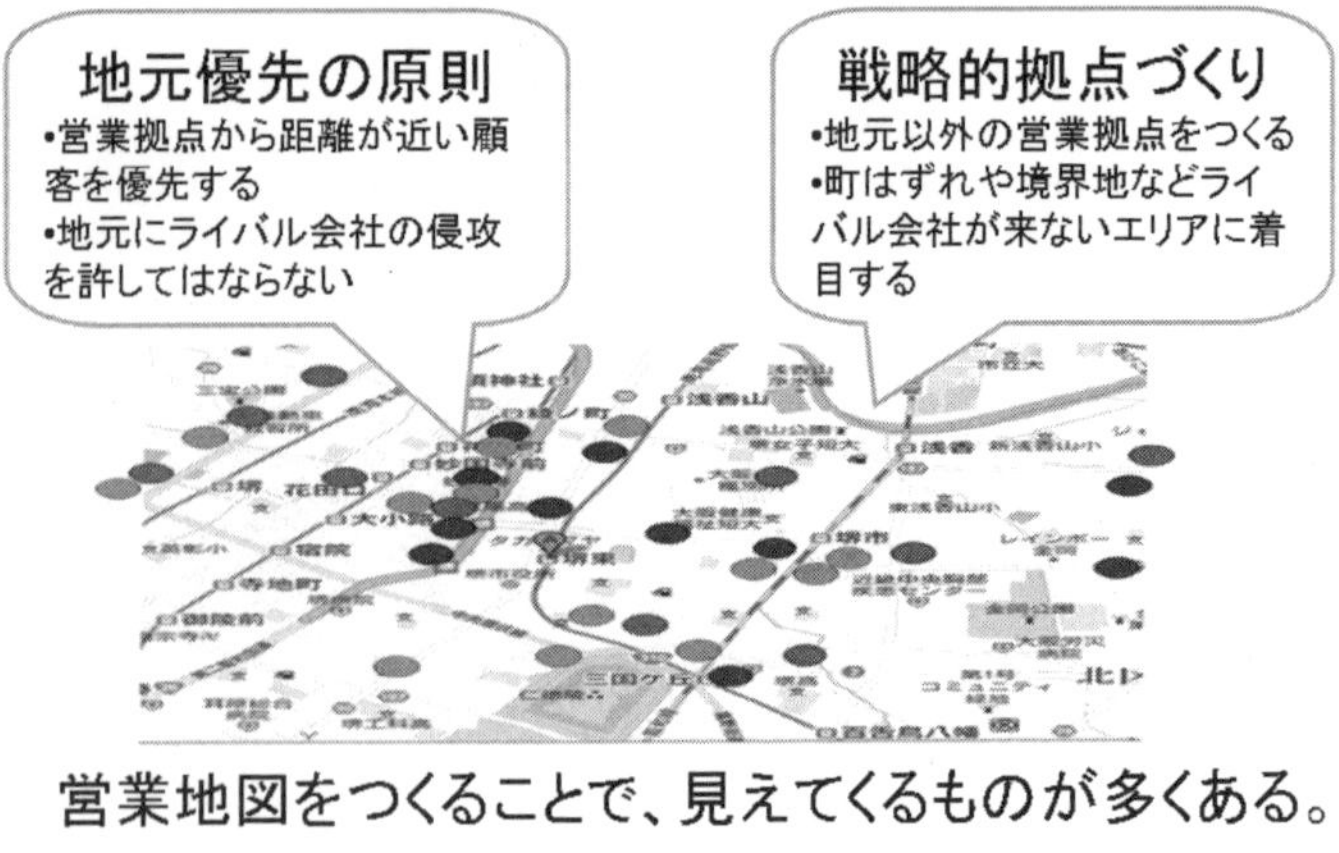
地元優先の原則
•営業拠点から距離が近い顧客を優先する
•地元にライバル会社の侵攻を許してはならない
戦略的拠点づくり
•地元以外の営業拠点をつくる
•町はずれや境界地などライバル会社が来ないエリアに着目する
営業地図をつくることで、見えてくるものが多くある。

地元以外にも拠点をつくる

エリア営業のもう1つの基本は、地元以外の場所に拠点となるべき場所をつくっていくことだ。

エリア地図を見て、地元以外で自社の得意先が集中している場所はないだろうか。あるとすれば、そこは拠点といっていい。拠点となれば、訪問効率もいいし、得意先同士の口コミ効果も期待できる。

得意先が多いというだけで、優位性を発揮できる。こういう場所は、守りやすいし、これからも拡大していきやすい。過去の営業担当者が努力してつくってくれた拠点だから大切にしていきたい。

これから新たに拠点をつくっていくにはどうすればいいのか。そこに君だけの営業余地がある。

やはりエリア地図をよく見てほしい。県境や幹線道路の外れ、川向こう、行き止まりとなる港など死角となっている場所はないだろうか。君が行きにくいと思っている場所は、ライバルも行きにくいと思っている場所の可能性がある。そんな自社にとってもライバルにとっても、手薄となっている場所を狙ってみるというのはどうだろうか。

先ほど、距離的に行きにくい場所は効率が悪いと言ったため、矛盾しているように思えるかもしれない。しかし、一見行きにくい場所も、取引先が増えて拠点となれば、一気に効率性が増す。

つまり戦略的に拠点をつくるのだ。

君の先輩や上司や、過去にそのエリアを担当した営業は、そうやって拠点をつくってきた。新しい拠点をつくれば、それは君がそのエリアに残した爪痕であり、功績となる。

それも営業の醍醐味の１つだ。前向きに取り組んでほしい。

9　営業エリアを深く理解する【全数訪問の必要性】

全数訪問は絶対の手法

営業地図を見て、おおよそのターゲット地域のあたりをつけたら、詳しく調査を進めてみたい。

エリアを深く正確に理解するためには、実際に現場に行くことが必要だ。自分で地域の現場に立ち、営業車を走らせ、あるいは歩いて回り、取引先や見込客を訪ねることが何よりも重要だ。

その際に、最も効果が大きいのは、取引先、未取引先に関わらず、すべての見込客を訪問することだ。これは昔もいまも変わらない。絶対の手法と言っていいだろう。

「全数訪問なんてとてもできない」と最初は戸惑うかもしれない。しかし、効果が絶大なことは過去の優秀な先輩方が証明している。

エリア戦略に取り組む上で、必要不可欠なことだと思ってほしい。

売り込まない、長引かせない

全数訪問を実施する上で注意すべきことがいくつかある。

1つは、売り込まないことだ。あくまで地域を理解するために訪問するのだから、売り込みは避けたい。簡単な質問表を持って、聞き取り調査に回るだけにしたい。

もう1つ、訪問は短期集中で計画的に行うことだ。調査は、暇なときにダラダラと続けるようなものではない。見込客をリスト化したら、少なくとも1週間で回る計画を立てる。逆に言うと、1週間で回れないような広い地域を対象地域にしてはならない。そのためにも、自社にとって重要と思える地域を取捨選択するのだ（回れなかった重要地域は、次年度、計画を立てて回ればよい）。

質問内容は最小限に

質問内容は必要最小限なものにしたい。5分程度で終わるぐらいの質問量が望ましい。たとえば質問内容は次のようなものだ。

・自社商品やサービスを使用しているか。他社商品を使用しているか。

【図表９　全数訪問は絶対の手法】

担当エリアを深く理解するためには、実際に現地に行くことが必要。
最も効果が大きいのは、未取引先も含め「全数訪問」することだ。

質問例
〇〇製品をご使用されていますか
＜使用している場合＞
– メーカー名、機種名、台数
– 購入時期
– メンテナンス体制
– 仕入先
– ご不満、ご要望
＜使用していない場合＞
– 購入される予定はありますか
•購入を決定される方はどなたでしょうか
•他社の営業は訪問していますか

売り込まない
✓あくまで調査。地域を理解するために訪問する
短期で訪問する
✓少なくとも1週間で回る。1週間で回れる地域を選択する

・消費財や消耗品の場合は、毎月、どの程度の商品を購入しているか。
・設備などの場合は、いつ購入したか。
・メンテナンスやアフターフォローの状況はどうか。
・商品やサービスに関して困っていることや改善点、要望はないか。
・仕入先はどこか。
・ライバル会社の営業は訪問しているか。
・購買の責任者はだれか。

自社の商品やビジネスの特性に応じて、質問内容は取捨選択してほしい。質問のポイントは、自社として顧客サービスの向上につなげられるかどうかだ。

地域の状況が詳しくわかれば、自社としてどのような営業行動をすれば、顧客の役に立てるかが見えてくる。

新人営業にとっては、営業所に配属されて最初のお披露目訪問となる。顧客の役に立つ姿勢を示すことは、その後の営業活動にもプラスに働くことだろう。

調査に協力してくれた見込客には、何らかのお礼をしよう。簡単な粗品をお渡しするのもいい。少なくとも、訪問後に感謝のはがきや手紙を送ることを忘れないようにしたい。

10 販売額が高くて、利益率の高い顧客を選べ【マトリクス選定法】

取引先を「売上高」と「利益率」で分類する

見込客を見つける際に、一番簡単な方法を教えよう。

いまお付き合いのある取引先を「売上高」と「利益率」で分類する方法だ（図表10）。本当に簡単だ。まず方眼紙を用意して、四角い枠をつくる。

縦軸は売上高、横軸は利益率、と設定しよう。

その四角い枠の中に、営業所の取引先をマッピングしていく。売上高が大きい取引先は、上のほうにくる。利益率の高い取引先は右になる。

取引先があまりにも多い場合は、自分の担当先だけでもいい。１００や２００の取引先をマッピングすれば、傾向が出る。

どうだろう、普通ならば、右肩下がりの線ができ上がるはずだ。

当然といえば当然だ。売上高が大きい取引先は、利益率が小さい傾向がある。たくさん買ってくれる顧客には、割引もあるだろうし、サービスをしている場合が多い。逆に、取引額の小さい顧客には、割引することは少ないから、利益率が高くなる傾向がある。

異常値に着目する

ところが、取引先が多くなれば、必ず例外がある。売上高が大きいのに、利益率も高い取引先。逆に売上高が小さいのに、利益率が低い取引先。いわゆる異常値だ。

この異常値を見つけるのが、この表をつくる理由だ。

例外もあるさ、とスルーするのではなく、異常値が出た取引先をよく調べてほしい。

特に売上高が大きいのに、利益率も高い取引先が重要だ。普通ではないなりの理由がある。その理由を見つけるのだ。

異常値の理由

売上高が大きいのに、利益率も高いのは、その取引先に対して、自社の強みが発揮されていることが多い。自社の持っている商品やサービスの強みが、その顧客には不可欠なものとして捉えられているのかもしれない。だから、ライバル会社との価格競争にもならず、利益率が高くなっているのだ。

あるいは、何等かの理由で、ライバル会社がその取引先を避けているかもしれない。ライバル会社にとって、その取引先を満足させられない事情があるのだ。

単純に地域の問題かもしれない。自社が行きやすく、ライバル会社が行きにくい場所にある取引先は、自社独占になっている可能性がある。だとすれば、その地域の顧客をもっと掘り起こすべきだ。

業界特性があるのかもしれない。ある業界の特殊事情に、自社の商品やサービスが合致しており、ライバル会社が対応できていない場合がある。そうであれば、その業界を中心に営業活動を行うべきだ。

企業規模に理由があるかもしれない。一定の規模の企業に自社の強みが発揮されているとすれば、その規模の企業をリストアップして、見込客とすればいい。

特定の営業担当者の手腕によるものかもしれない。ある営業の担当先だけが、そんな異常値を示しているとすれば、それも調査する必要がある。その営業担当の営業方法が成果に結びついているというならば、その手法を他の営業に開示すべきだ。

もちろん単純な理由でない場合もある。いくら調べてもわからない場合もある。それでもやってみる価値はある。私の経験では、たいていの場合、理由が見つかる。

理由にフォーカスし、方向性を定める

理由として多いのは、地域特性と業界特性だ。

【図表10　マトリクス選定法】

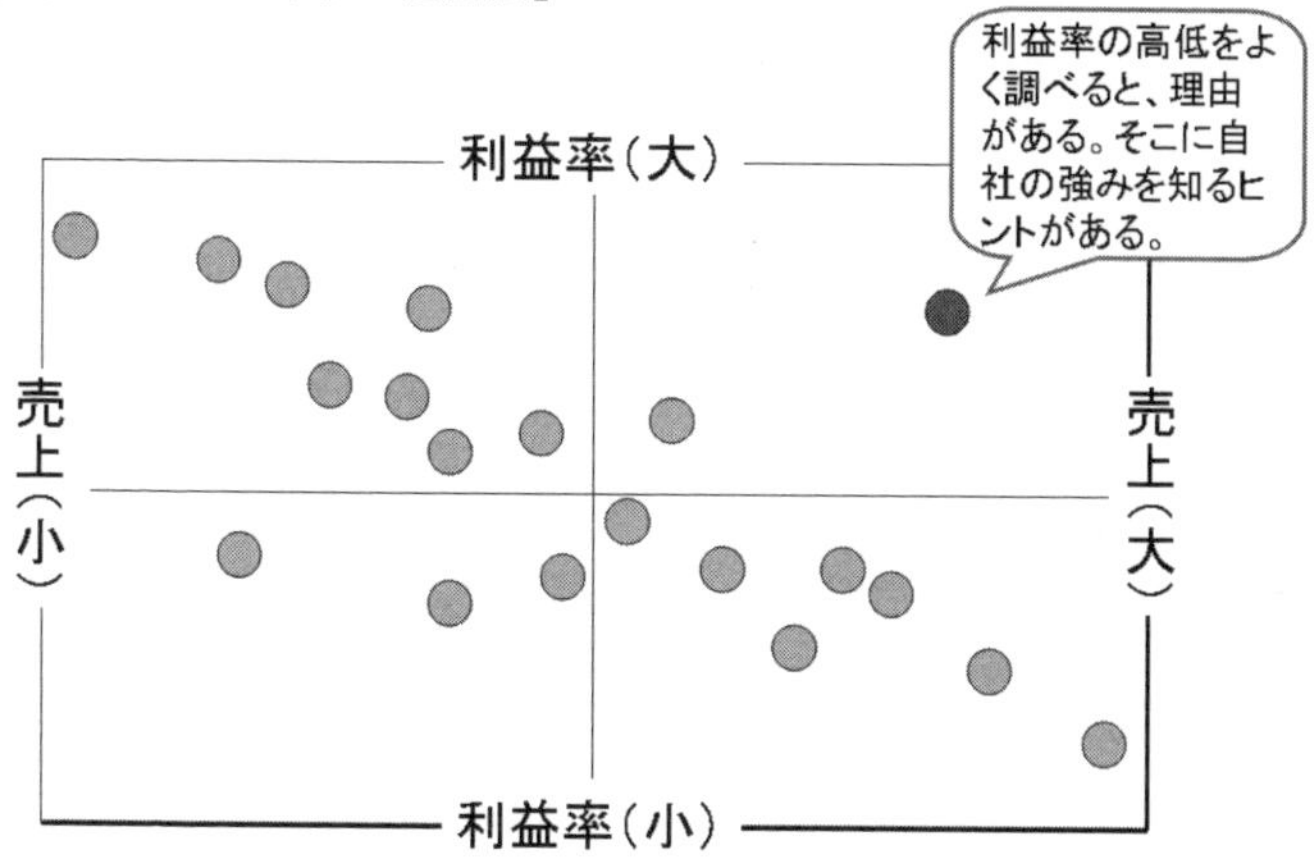
利益率の高低をよく調べると、理由がある。そこに自社の強みを知るヒントがある。
利益率（大）
売上（小）
売上（大）
利益率（小）

ある地域が強い競合の死角になっているとすれば、早急にその地域を中心に開拓していくべきだし、ある業界に自社の強みが発揮できていると判断できれば、すぐにその業界の特徴を調べて、相応しい営業企画を作成すべきだ。

見込客開拓の方向性を定めることができれば、営業計画も、営業企画もつくりやすくなる。

迷わず、ターゲットを選定し、見込客をリストアップすべきだ。

新規開拓を目指すならば、方向性に合致した企業をリストアップして、開拓計画をつくる。既存顧客への営業活動を強化するならば、方向性に合致した取引先への訪問を多くすればよい。

私は今でも定期的に、この方法で、見込客を見直すようにしている。

シンプルだが、強力な方法だ。

簡単なので、ぜひやってみてほしい。

11 ライバル会社の特徴を見て、ターゲット顧客を設定する【ポジショニングマップの使い方】

ポジショニングマップのつくり方

実際の営業活動においては、ライバル会社の存在を意識しないわけにはいかない。強いライバル会社が得意としている分野に、真正面からぶつかっていっても勝ち目は薄い。価格勝負になって、消耗するはめになる。できればターゲット選定においても差別化しておきたいものだ。

そのために役に立つのが「ポジショニングマップ」というツールだ（図表11）。古典的な手法だが、いまでも充分役に立つ。

ポジショニングマップのつくり方は単純だ。

まず紙やホワイトボードに大きく十字を書く。十字によって4つの枠ができるはずだ。

その枠の1つに、乗り越えたいライバル会社の名前を書く。地域ナンバーワンのライバル会社でもいい。あるいは、自社が競り合っている当面のライバル会社でもいい。手ごわいが乗り越えたい相手を書けばいい。

次に、名前を書いたライバル会社がなぜ手ごわいのか、その理由を2つ挙げる。

おそらく2つで収まらないだろうが、選ぶのは2つだけだ。

例えば、あるライバル会社の強みを「価格競争力がある」「Aという業界に強い」と選定したとする。

その言葉をライバル会社の名前が書かれてある枠に接している十字の先端に記入する。

手ごわい相手とは差別化しなければならない

わかるだろうか。「価格競争力がある」「Aという業界に強い」というのはライバル会社の特長だ。

手ごわい相手に、同じ戦い方をしても、勝つのは難しい。だから、差別化しなければならない。

そこで十字の反対の先端に、違う強みを記入する。

「価格競争力がある」相手に、価格で対抗するのは愚策だ。違う要素とすれば、「的確な問題解決力」「商品の機能や品質」「納期対応力」「希少製品の提案」などだろうか。様々な要素が出てくるが、できればライバル会社が苦手としている要素を1つだけ選んでほしい。

「Aという業界に強い」なら、差別化するとすれば、A以外の業界を狙うことになる。

自社が取り得る4つのポジション
仮に「納期対応力」と「Bという業界に強い」を選んだとする。

これで、4つの枠が出来上がった。
①価格対応力があり、Aという業界に強い枠（ライバル会社の牙城）
②価格対応力があり、Bという業界に強い枠
③納期対応力があり、Aという業界に強い枠

【図表11　ポジショニングマップ】

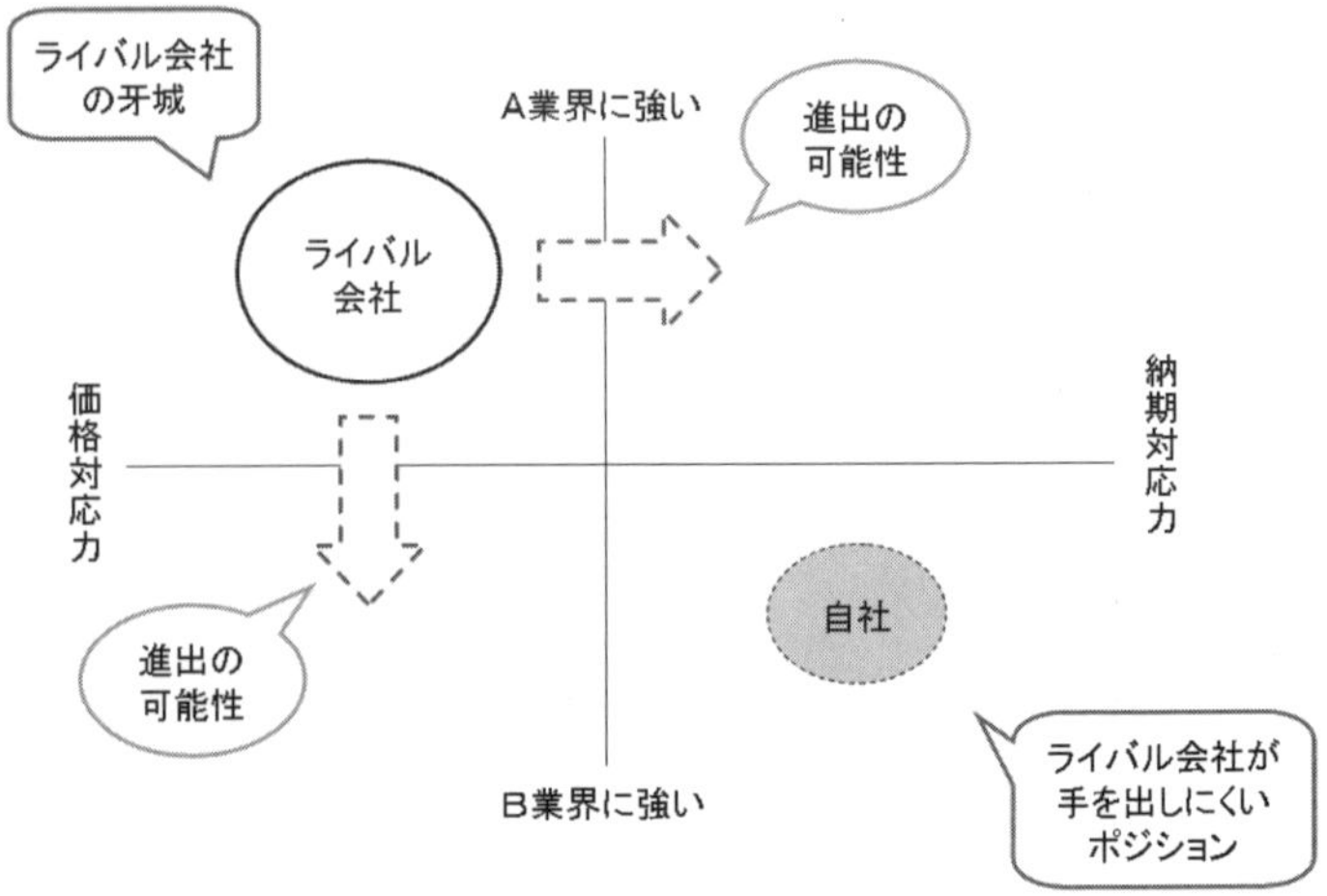

④納期対応力があり、Bという業界に強い枠

自社としての選択肢は3つだ。Aという業界が魅力的ならば、③でもいいかもしれない。ライバル会社がBという業界に行きにくい理由があるならば、②の可能性もある。しかしライバル会社が手を出しにくいのは④であるだろう。

仮に④を選んだとする。そこで自社の戦略が決まる。納期対応力を増すためには、生産方法や在庫方法を変えなければならないので大変だと思うかもしれないが、営業としてできることも多い。

Bという業界の特徴を理解して、商品の発注サイクルをつかみ、計画的な受注ができるならば、緊急納期対応は少なくなる。その少ない緊急対応さえ確実にできれば、納期対応能力がある会社、営業だという評価を得ることができるだろう。

このようにポジショニングマップは、差別化戦略を立てる際に役に立つツールだ。

ポジショニングマップをチーム全体で共有する

このツールを紙やホワイトボードに書くのは、自分自身が頭の整理をすることが１つだが、営業チーム全体で差別化戦略を共有するという意味もある。

先輩や上司に自分の考えを説明する際にも、ツールを使えば、理解されやすい。

最初は、十字の先端にどんな要素を書くべきか悩むだろうが、慣れてくると、充分に使えるようになる。ぜひ使いこなしてほしいツールだ。

12　感情を排して、純粋に数字だけでターゲット顧客を選定する【ＡＢＣ分析の方法】

ＡＢＣ分析で顧客のランク分け

ＡＢＣ分析が、多くの会社で用いられているのは、効果があると認められているからだ。いまさらと言われるかもしれないが、あらためてすすめたい（図表12）。

ＡＢＣ分析の意義は、数多い顧客をランク分けして、営業活動にメリハリをつけるための材料にすることだ。ランク分けができていないと活動が主観的になる。行きやすいところにばかり訪問するようなことになり、活動が必ずしも成果に結びつかない恐れがある。

だからＡＢＣ分析は、客観的である必要がある。純粋に数字だけで判断することが望ましい。

ここでは簡易的なABC分析の方法を紹介しよう。

全体購買力と自社取引額で並べる

まず自分の取引先をすべてリストアップする。できればエクセルなどの表計算ソフトで一覧表をつくってほしい。

取引先のリストは、購買力が大きい順番に並べる。購買力とは、自社商品分野（自社商品やライバル商品を含めて）すべてに対する購買額のことだ。自社との取引高ではないので注意してほしい。9項でとりあげた全数訪問調査ができていれば、相当程度のことがわかっているはずだ。

取引先が他社の商品をどれだけ購入しているかなどわからない、という場合は、おおよそでいい。ここでは正確さよりも、順番をつけることを優先する。

次にすることは、取引先に自社商品が占める割合を出すことだ。これも正確にわからないだろうからおおよその推測でいい。

ランクづけのために行う計算は次の2つだ。

①購買力が大きい順番でABCにランクづけする。

取引全体の購買額を足して上位70％をAランク客とする。70％〜95％をBランク客。それ以下をCランク客とする。

②自社の取引額の割合が高い順番でａｂｃにランクづけする。

【図表12　ＡＢＣ分析】

購買力に占める自社の購買割合が大きい順 →

↓ 購買力が大きい順

	a店	b店	c店
Aグループ	Aa店 守る	Ab店 攻める	Ac店 攻める
Bグループ	Ba店 育てる	Bb店 攻める	Bc店 様子見
Cグループ	Ca店 育てる	Cb店 様子見	Cc店 様子見

例えば、守る店は週1回訪問、攻める店は週3回訪問などと行動目標を決めて、営業活動に臨む。

自社が1位で、2位の会社に3倍以上の取引額がある場合はａ客とする。逆に自社が1位の会社に3倍以上の差をつけられている場合はｃ客とする。どちらでもない場合はｂ客とする。

以上の計算をした上で、ＡＢＣおよびａｂｃの9マスからなるマトリクスに分類する。

守るべき顧客、攻めるべき顧客を知る

図表12をもとに営業活動の計画を立てる。

図表12にリストアップされた顧客の中で、重要なのは、Ａｂ、Ｂｂ、Ａｃに分類された顧客だ。ここを間違ってはいけない。

もし図表12がなくて主観的なままで営業活動をしている場合、おそらくＡａ、Ｂａ、Ｃａに分類された顧客を中心に活動するだろう。

特に新人の頃は余裕がないので、ａ客にしか

接触しないきらいがある。なぜならａ客というのは、自社の贔屓客だ。先方から呼ばれることも多いだろうし、こちら側も足しげく訪問する大義名分がある。いつも買ってくれているので、優先することは何ら不審なことではない。

しかし、ａ客というのは、すでに精一杯購入してくれている顧客だ。これを維持することは大切だが、伸びしろがない。

これからさらに売上高を上げるには、ｂ客やｃ客との取引を増やすことが必要なのだ。もちろん贔屓客をないがしろにして、取引を縮小させるのは本末転倒だ。営業として守るべき顧客との取引は死守しなければならない。が、それだけでは、売上高が伸びないのが営業の難しさだ。営業活動の目的は、いわば、ｂ客やｃ客を、ａ客にしていくことにある。ａ客が増えるほど売上高は安定し、利益も高くなる。徐々にでも、ｃ客をｂ客に、ｂ客をｃ客にしていける営業が成績を伸ばし続けることができる。

優秀な営業は、それができている人のことだ。

その第一歩が、このＡＢＣ分析表だ。３か月に１回でも、半年に１回でもいいから、この表をつくって、営業活動計画を見直してほしい。

購買力や自社の取引額の割合など、おおよその推測でいいと言ったが、９項の全数訪問調査が進めば、かなり正確な数値がつかめるようになってくる。２、３年後には相当精度の高い表を作成できるようになっているだろう。そのつもりで取り組んでほしい。

13　展示会でターゲット顧客を出会う【展示会の活用】

ターゲット顧客と出会う機会

展示会は、ターゲット顧客と出会うための有効な機会となる。会社が展示会出展を行っているのなら、この機会を最大限活用するべきだ。

しかしノープランでの参加は、ほとんど意味がない。計画性を持って、展示会営業に取り組みたい。

既存顧客への連絡

展示会は、新規顧客に出会う機会であるだけではない。既存顧客もやってくる。贔屓顧客も、疎遠となっている顧客も、ライバル会社に傾倒している顧客も来る。

会場で重要商談が決まる場合もあるし、疎遠となっていた顧客と取引が再開する場合もある。だから自分の担当先や見込客には、事前に案内を送り、展示会で出会う機会をつくる努力をしよう。

案内状に手書きのコメントを添えれば、顧客の印象が変わる。有意義な機会とするために、一工夫したい。

展示会の陳列

展示会の担当者になっている場合は、当日の陳列にも注意したい。展示においては、必ず現物を展示する。大きな機械であっても現物を持ち込む。実際の使用感や臨場感の演出が何より重要だ。立体的で迫力のある展示を工夫する。

割り当てられた小間全体はすべて利用しなければならない。展示会では、営業が足りないので、顧客が1人でいる時間が多くなる。

そのとき顧客が1人でも手持ちぶさたにならないように、情報発信のツールは豊富に設置しておきたい。パンフレットは大量に準備する。映像や動画を放映するモニターを壁に設置する。空いているスペースにはポスターや写真を掲げる。壁1つでも情報提供の場所となることを忘れてはならない。

準備するものが多いので、チェックリストをつくって、抜け漏れのないようにしたい。

当日の営業

展示会では、通りすがりの顧客に自社のアピールが求められる。展示会で初めて名刺交換した顧客が、思わぬ上顧客になる場合もあるから気を抜いてはいけない。通りすがりの顧客に振り向いてもらうためには、黙って見ているだけではだめだ。印象的な言葉を常に発し、顧客を立ち止まらせる必要がある。30秒で自社商品をアピールできる営業トークを作成し、繰り返し声を出し続けるべきだ。

顧客に商品説明をする際には、大きめの声を出す。目の前の顧客だけではなく、後ろで聞いている顧客もいるからだ。

顧客の流れが止まっても、営業同士が雑談したり、座って休んでいたりしてはだめだ。通りすがりの顧客は立ち寄りにくくなり、営業機会の損失となる。小間内での雑談や座り込みは禁止とすべきだ。

顧客のランクづけ

顧客からいただいた名刺は、全員で共有する。小間内に名刺ボックスを準備しておき、接客した営業がその中に収納する。その際、顧客をランクづけして、名刺に記入することを忘れてはならない。

例えば、すぐに商談したい、見積もりが欲しい意思を示した顧客は「A」、興味がある、見込みがあると思えた顧客は「B」、冷やかしに来た人の場合は「C」というように印をつける。

１日が終わると、その日、いただいた名刺を営業全員で確認する。咄嗟の判断でランクづけしているので、その理由を確認するのだ。自分の担当エリアや担当業界、ターゲット設定した顧客などの場合、詳しい情報を知っておかなければ、その後の営業に支障をきたすからだ。

必ずその日のうちに確認すること。日が経てば、忘れてしまうことがある。

周辺企業との交流

展示会も遅い時間になると客足が途絶える。その時間帯には、展示会に出展している周辺企業を訪問し、交流しておきたい。同じ展示会に出展している企業だから、業界も似ているし、共通する顧客を持っている場合が多い。ライバル会社もいるだろう。

それでも、交流し、情報交換の機会を持つことは大切だ。思わぬ業界情報や顧客の動向を知るか

【図表13　展示会の活用】

営業の段階	ポイント
準備段階	・既存顧客に案内を出す。 ・準備チェックリストを作成し、漏れのないようにする。 ・立体的で迫力のある装飾をする。
呼び込み	・展示会中は休むことなく、呼び込みを続ける。 ・小間内で座り込むのは禁止。
説明	・30秒で商品説明する。 ・興味を示す顧客には、詳しく話す。
情報収集	・名刺収集を怠らない。 ・展示会場で顧客の格付を行う。
アフターフォロー	・顧客格付に従いフォローを行う。 ・展示会後、1週間が勝負。

もしれない。出展企業が、見込客となる場合もよくあることだ。機会は最大限活用したいものだ。

展示会後の営業活動

展示会が終われば、すぐに営業活動を行う。ランクづけした名刺をもとに、訪問すべき顧客、電話すべき顧客、お礼状を出す顧客に分け、計画的に活動する。

訪問のアポイントを取るなら、展示会が終わってから、1週間以内がリミットだ。それ以上経つと、展示会の熱が冷めてしまい効果が薄れてしまう。

展示会は、見込客や既存顧客が向こうからやってくるまたとない機会だ。

営業にとってこれ以上ない営業支援策だ。営業によっては、展示会営業で半年分の収益を稼ぐ者もいる。

当然ながら展示会出展には多大な費用がかかっている。それを無駄にしないためにも、充分な計画の上で、しっかりと取り組んでいきたいものだ。

第3章　アプローチ

14　ダメな営業は営業に手順があることを知らない【営業プロセス】

ダメな営業はプロセスをわかっていない

営業には段階がある。顧客と接触するアプローチ、困り事や要望を聞き出すヒアリング、商品やサービスを提案するプレゼンテーション、契約を締結するクロージング。これを営業プロセスという（図表14）。

営業プロセスという概念をよく理解して、頭に入れておいてほしい。ダメな営業は、わかっていないことが多いからだ。

新人営業で多い間違いが、会ったばかりの顧客に自社商品のことを長々と説明してしまったり、言われるがまま価格提示をしてしまったり、ここぞとばかりに買わせようとしてしまったりすることだ。そんな者は、営業プロセスを理解していない。アプローチ時に、いきなりプレゼンしてしまったり、クロージングに入ったり、これでは顧客も面食らうだけだろう。

顧客が契約してもいいと思うのは、的確な提案がなされているからだ。的確な提案がなされているのは、正しくニーズを聞き出し理解したからだ。そして、正しくニーズを聞き出せたのは、アプローチの際に信頼関係ができていたからだ。

優秀な営業は営業プロセスの意味をよく理解しているものだ。

【図表14　営業プロセス】

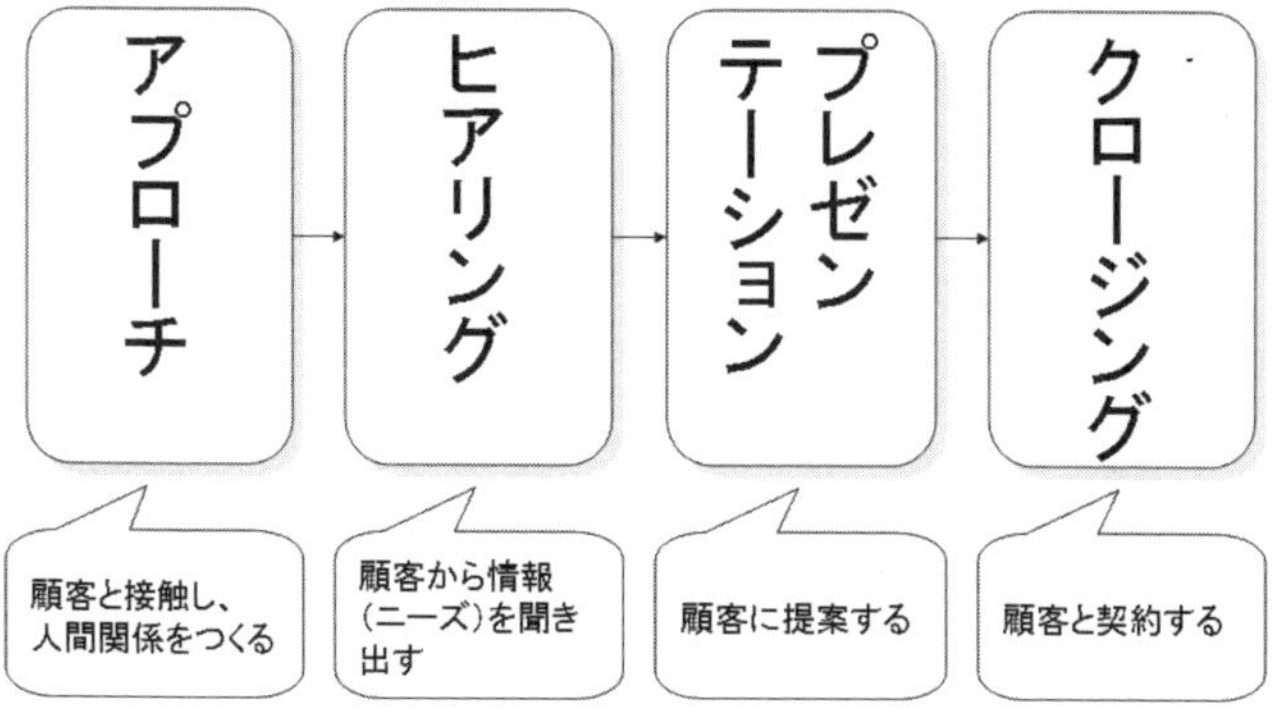
アプローチ
ヒアリング
プレゼンテーション
クロージング
顧客と接触し、人間関係をつくる
顧客から情報（ニーズ）を聞き出す
顧客に提案する
顧客と契約する

最も重要なプロセスは「アプローチ」

営業プロセスの４段階は、いずれも重要で疎かにはできない。最初の頃は特にプロセスを意識して丁寧に営業してほしい。

だが、敢えて言おう。営業プロセスの４段階の中で、最も重要なのは、アプローチだ。

アプローチがあるからこそ、ヒアリングもプレゼンテーションもクロージングもある。アプローチに失敗すれば、何も始まらない。数多くアプローチするから、多くの顧客のニーズを聞き出し、提案し、契約できる。

アプローチの際に信頼関係をつくることができるから、本音の部分で困り事を聞き出し、的確な提案ができて、契約に結びつけることができる。

営業活動の成果だけではなく、営業活動の有無さえも、アプローチにかかっていると言っていいだろう。

営業テクニックのない新人の頃は、特にアプローチには気を遣うべきだ。

この章では、最も大切なアプローチについて教えよう。

15　最初のアプローチは印象で判断される【第一印象の大切さ】

悪い印象を拭い去るのは倍のインパクトが必要

アプローチの際に、服装や髪形や態度など第一印象はとても重要だ。

特に新人の頃はそうだ。人となりもわからない、営業としての能力も未知数なときは、印象で判断される。

最初の印象など、その後の営業活動で払拭できるなどと安易に考えてはいけない。一度与えてしまった印象を拭い去るのは簡単なことではない。特に最初に悪い印象を与えてしまった場合、よい印象に塗り替えるには、倍の強いインパクトを与える必要がある。並大抵のことではないとわかるだろう。

何よりアプローチは営業活動の入り口だ。つまづくと、次の段階に進めない。新規開拓営業の場合なら、そこで終わってしまう。

だから、まずは服装や髪形や靴など見える部分は清潔さを保つこと。

よく「個性を大切にしたい」「自分に似合うスタイルがある」と言う者がいるが、そんな勘違いはやめてほしい。

営業にとっては、顧客からどのように見られるかがすべてだ。

【図表15　営業の身だしなみは「無難」が基本】

寝癖に注意。無精髭と鼻毛もチェック。
タバコ臭や口臭にも気をつけよう。
ネクタイのゆがみ、ゆるみ。
スーツは紺が基本。高級である必要はないが、清潔に保とう。
ポケットに物を入れすぎない。
ワイシャツの襟や袖口の汚れに注意。
高級時計や極端な安物は避けよう。
ズボンに折り目をつけておく。
靴は自分で綺麗に磨いておく。
長い髪はまとめる。自然メイクで。
香水はライトなものを。
スーツは清潔感を基本とする。
胸元がはだけているものはダメ。
ネイルアートはNG。
マニキュアは自然な色で。
キャラクタープリントのバッグはNG。
服装に合ったストッキングを履く。
なま足はダメ。
靴は綺麗に磨いておく。

営業の身だしなみは「無難」が基本

新人営業はとりあえず無難な服装や髪形で臨むべきだ（図表15）。最初から尖った個性を打ち出すのは危険だ。顧客によっては、嫌悪感を持つ人もいる。

もちろん時代によって、無難と尖った個性の境目は変わっていく。業界によっても意識に差があるだろう。

だから、何が無難かは、自分自身で判断してほしい。わからなければ、上司や先輩に相談すればいい。

清潔で、悪目立ちしなければ、少なくとも第一印象で顧客から悪い感情を持たれることはない。

営業にとって「嫌われない」ことは、とても重要な要素なのだ。

ルックスで個性を打ち出すのは、とりあえず止めたほうがいい。個性にこだわるのは、営業スタイルが確立できた中堅になってからで充分だ。

顧客への打ち出し方を自分でコントロールできるようになるまでは、「無難」を心がけてほしい。

一般的なマナーや常識は守ること

同じ意味で、一般的なマナーを身につけておくのも重要だ。会社のマナー研修は、きちんと受講しておくこと。基本的なマナーの本をカバンの中に入れておいて、その都度、確認するのもいいだろう。マナーの基本的な部分を現場で教えてくれる親切な先輩はまずいない。客先の応接室で座る位置もわからないようだと呆れられてしまう。

もちろん、会社以外の場所でも気をつけなければいけない。法令違反などもってのほかだ。特に営業車の運転には気をつけなければならない。スピード違反をしたり、荒い運転をしたりするのは絶対にやめること。黄信号を突っ切るのもダメだ。そんな場面を顧客に見られたら、普段の努力が水の泡になってしまう。

16 訪問件数を上げることが成績向上の最大のポイント【アプローチの方法】

営業成績を上げる最大の秘訣

アプローチで何より大切なことは、件数を稼ぐことだ。

ほとんどの営業組織で、訪問件数と成績は高い相関関係を示している。やはり営業活動において、訪問することは非常に重要なことなのだ。

とにかく成績のいい営業は、よく訪問している。訪問するからこそ顧客の様子がわかる。本音を読み取ることができる。現場で実際に起きていることを目の当たりにできる。

営業が訪問したというだけで、注文を受けることがよくある。ただの偶然だと思うかもしれないが、それも営業活動だ。新人の頃は、そんなタイミングを拾うような営業活動でも構わない。なるべく多くの取引先を訪問すべきだ。

顧客にとっても、顔を合わせて会話を交わした相手のほうが信用できる。しばらく見ない相手よりも、最近顔を見た相手に注文を出したくなるのが人情だ。

人は会えば会うほど親しみが湧くという特性もある。信頼関係をつくる上で、頻繁に顔を合わせることは効果的だ。重要だと思う顧客には、さらに訪問件数を増やせばよい。

このように訪問件数を上げることは、営業が成績を上げる最大の秘訣だと言っていいだろう。

新規開拓営業は単純な訪問件数で決まる

新規開拓営業においては、さらに訪問件数を増やすことが重要になる。

新規開拓営業は、アプローチしないことには始まらない。しかし、アプローチしたからといって成果に結びつくとは限らない。

実際のところ、接触した見込客のほとんどは様々な理由で、取引に至らないことだろう。それでも接触しなければ、成果に結びつくことがない。

【図表16　訪問件数を多くする効用】

- 顧客との信頼関係ができる。
- 現場情報を得られる。
- タイミングを捉えられる（思わぬ受注や紹介）。
- 営業経験を積むことができる。

新規開拓営業は、確率論の世界だ。アプローチした中の数パーセントか十数パーセントしか取引にまで至らない。これは相当のベテラン営業でも同じだ。誰が取り組んでも、成功確率はさほど変わらない。

ということは、新規開拓営業で成果を出すには、アプローチ数を上げるしかない。これは厳然たる事実だ。営業テクニックよりも、単純なアプローチ数がものをいう。

新規営業の成功の秘訣は、アプローチ数を増やすこと、それだけだ。

新人でも成果が出せる最大の営業活動

つまり、ルート営業においても、新規開拓営業においても、成功の秘訣は、訪問件数を増やすことなのだ。営業とは、質より量がものをいう世界だ。

訪問件数を上げることは、営業テクニックのない新人営業でも、成果を上げることができる営業活動だ。営業訪問を繰り返すことで、営業としての経験値が増し、営業としての技術も身につく。営業量が、いつしか営業の質を高めることになる。

訪問件数を上げることはメリットばかりだ。デメリットはない。営業として取り組んでいってもらいたい。

17　時間があるときに訪問しようという考えでは三流で終わる【行動目標の設定】

時間が足りている営業などいない

16項で訪問件数・アプローチ数を上げることの重要性を説いたが、実際には営業全員がそのような動きをしているわけではない。むしろ重要性がわかっていながら、動けていない営業が多い。

営業が思ったほど活動できていないのは、時間が足りないという理由がほとんどだ。

いまは営業が余っている会社などない。どこも少ない人員でやりくりしている。だから1人が受け持つ取引先の数は多くなっている。

前章でターゲット顧客を選択し、営業活動にメリハリをつける方法を教えた。だが、それでも行くべき取引先に比べて、営業数が少ないことには変わりがない。

営業にとって最も成果に結びつく活動は、顧客を訪問することだ。それを理解するならば、顧客訪問活動を最優先しなければならない。

訪問計画がなければ実行できない

時間が足りない中で、顧客訪問するためには、訪問計画を立てることが不可欠だ。ここは努力目標としてではなく、必達目標としての現実的な計画を立てる。

行動目標がないと、訪問件数は著しく低下する。営業の仕事はエンドレスだ。収集した情報の整理、営業資料や企画書の作成、報告書の作成、営業会議への参加、クレーム電話への対応、営業所内にいるだけで仕事が湧くように出てくる。空いている時間などないから、計画にない行動などする余裕はない。つまり行動計画を疎かにする営業は三流で終わる。

訪問優先順位のつけ方

ターゲット顧客だと選定したからにはすべて訪問したい。効率よく訪問するためには、その顧客の重要度、営業所からの距離、周辺顧客の状況などに応じて、最適な計画をつくる必要がある。

・重要度

12項で教えたＡＢＣ分析を思い出してほしい。成績を伸ばし続けるために必要な顧客（Ａb、Ｂb、Ａc）が最も重要度が高い。重要度の高い顧客を中心に訪問計画を立てる。

・営業所からの距離

移動距離を考慮して、現実的な行動計画を立てる。１日に数軒回る計画を立てなければ、訪問件数は伸ばせないので、近距離の顧客を中心に計画する。遠い距離にある顧客の場合、移動ルート上

【図表17　訪問計画の優先づけ】

重要度
成績を伸ばすために必要な顧客を優先する。（ABC分析のAb、Bb、Ac客※12項参照）
距離
近距離の顧客を優先する。遠い顧客は、移動ルート上の顧客を複数選択する。
周辺顧客
距離が遠い顧客でも周辺に複数の顧客がいれば、効率のよい計画ができる。

重要度の高い顧客を最優先とし、距離、周辺顧客を勘案しながら計画をつくる。

の顧客を複数選択し、効率性を上げる工夫をする。

・周辺顧客の存在

距離が遠い顧客でも、その場所が拠点化していれば、訪問効率を上げることが可能となる。周辺に顧客がいるかどうかを勘案して訪問計画を立てる。

このうち、最も優先すべきなのは、顧客の重要度だ。ABC分析によって、導き出された重要度の高い顧客の訪問日程をまず決め、そこに距離や移動ルートや周辺顧客の存在を加味しながら、訪問計画をつくっていくのが基本だ。

ただし、重要度を優先するあまり、訪問効率を悪くするのはいただけない。訪問件数を上げることを勘案しながら、柔軟に計画してほしい。

もう一度、言うが、訪問件数は営業成績に直結する。

現実的で、効率的な訪問計画を立て、着実に実行することが、営業成績を上げる最大の秘訣であることを忘れてはいけない。

18　ファーストアプローチは「会う」ことが目的だ【新規アポイントの獲得】

アポイントをとる

新規開拓営業の場合、アプローチ数を高めることがより重要になる。新規営業は断られることが前提だ。だからこそ数多くの見込客と会うことが必要だ。

しかし、見込客と会う以前にアポイントをとること自体が難しい。

人間は、知らない人とは会いたくないものだ。相手が営業だとなおさらだ。いま付き合いのある取引先から継続的に購入していれば楽だ。いくらいい条件の取引を持ち掛けられようとも、条件の細かな部分を見比べたり、契約の諸手続を準備したり、既存の取引先に断りを入れたりすることを考えるだけでストレスになる。

そんな現状維持が楽だと感じている顧客からアポイントメントをとるためには、相当の苦労を覚悟しなければならない。

アポイントの秘訣

アポイントメントの秘訣は3つある（図表18）。

①「会う」ことを目的とする

ファーストアプローチの目的は「会う」ことだ。売り込むことではない。

一度でも会っている相手なら、会うことに対するハードルは一気に下がる。その意味でも、９項で紹介した「全数訪問調査」は有効だ。一度、調査のために訪問した見込客は、全く知らない相手ではない。会うための心理的障壁は低い。

取引先から紹介を受けた相手なら、一度は会ってくれる可能性が高い。変に売込臭を出さずに、知り合いになるために会うだけなら、断られることはまずないだろう。

だから、取引をする、しないは、二度目以降でよい。一度目に会うのは、顔見知りになるためだ。ターゲット顧客だと選んだからには、自社として顧客の役に立てる根拠があるはずだ。営業拠点に近く細かなフォローができる。ライバル会社にはない商品やサービスがある。特定の業界に貢献できる体制がある。

その内容を資料にしたものを届けるだけでよい。資料を送るだけならハードルは低い。資料を届ける担当者の名前を聞いておき、郵送した上で、届いた頃にもう一度電話する。

その際も無理に売り込まないことを言っておこう。あくまでお役に立てるかどうかを確かめたいから訪問するのだ。

②深追いしない

嫌がる相手に無理に会っても、成果につながることは少ない。強引にでも会って、勢いで取引に

【図表18　アポイント獲得の秘訣】

深追いしない
「会う」ことを目的とする
トークを練習する

地元客などには、飛び込みで訪問するほうが、効果がある場合もある。

つながったのは成長期だけだ。多くの業界ではそのやり方は通用しない。

だからアポイントの際には、自社の商品やサービスでできることを端的に説明し、興味があるかどうかを聞こう。

「○○のようなことでお困りのことはございませんか」

「競合他社にない○○という機能にご興味はありますか」

こうした質問を入れることで、相手の興味や問題意識を知るようにしたい。

興味がなく、即座に否定するなら、あっさりと引き下がるほうが、双方にとって有益だ。

③トークを練習する

テレアポの際は、売り込まず、押しつけず、声色から相手の気持ちを読み取ることが求められる。難しい技術が必要とされると思うかもしれないが、これればかりは場慣れするしかない。

かといって、トークシナリオを一方的にがなり立てるだけの営業電話は、いくら新人営業だからといって、顧客に迷惑をかけてしまう。

やりながら慣れるという姿勢も大切だが、顧客に対する前に充分に練習をすべきだ。

新人同士で互いに練習するのもいいし、先輩や上司をつかまえて聞いてもらうのもいい。練習相手になるのを嫌がる先輩などいないはずだ。

免許皆伝とまではいかなくても、仮免合格ぐらいまではいってから顧客に接触すべきだ。

ある程度のレベルになれば、後は本当に場慣れすればいい。

なお、アプローチの際には、必ずしもアポイントをとらなければいけないことはない。

地元の見込客や拠点近くの見込客には、「通りかかったので来た」とリアルな訪問も有効な場合がある。実はテレアポよりも、飛び込み訪問のほうが、会える確率がはるかに高い。やってみればいい。

19　顧客と信頼関係を築くことができれば、営業は格段にうまくいく

【信頼関係のつくり方】

信頼関係づくりはテクニックではない

アプローチにおいては、件数を伸ばすことが何より大切だと言った。もう1つ、アプローチで大切なことがある。それは「信頼関係をつくる」ことだ。

信頼関係ができれば、顧客の本音を聞くことができる。本音からの悩みや要望を聞くことができ

れば、的確な提案ができる。的確な提案ができれば、契約に至る可能性が高まる。すべてはアプローチの時点で信頼関係ができるかどうかにかかっている。

信頼関係づくりはテクニックではない

新規営業の際も、既存顧客へ営業の際も、より信頼関係を深めることはとても大事な営業の仕事だ。信頼関係をつくるというと難しく思うかもしれない。ベテランや中堅ほどの営業経験やスキルがなければできないことだろうか。

いや、そうではない。信頼関係とは心と心を通じ合わせることだ。誠意を伝えることに経験もスキルもない。テクニックがあってこなれた感のある営業よりも、不器用だが一所懸命で情熱のある新人のほうが、誠意が伝わる場合もあるだろう。

営業に慣れ始めた頃が要注意

実際、営業に慣れかけた2年目、3年目の頃が危険だ。覚えたてのテクニックを使いたくなり、表面的な営業に走ってしまい、心が伝わらなくなる。新人の頃にうまくいっていた営業が、急に成果に結びつかなくなってしまうことがある。いわゆる成長の壁だ。

新人の頃は、誠心誠意、顧客に対するしかないだろう。それが、顧客の心をつかむのだ。営業にビギナーズラックがあるとしても、それは単なる幸運ではない。表面的なテクニックで覆い隠さな

【図表19　信頼関係のつくり方】

信頼関係づくりはテクニックではないが、最低限のやるべきことがある

好かれる。
少なくとも
嫌われない。
接触回数を
増やす。
小さな変化を
逃さず、すぐ
に対応する。

い君の誠意が通じたということだ。

だから、営業の基本的な心構えをもう一度、思い出してほしい。営業は、会社と顧客の橋渡しをする存在であり、顧客の代弁者だ。顧客にとっては、会社を代表する存在であると同時に、顧客の立場や悩みを理解し、解決を支援してくれる強い味方だ。商品を売りつけるだけの身勝手な存在ではない。

その姿勢を愚直なまでに貫き通すことが、一流の営業になるための確実で最短の道だ。決して忘れてはならない。

だが、そうは言っても、最低限、やるべきことはある。大切な顧客と信頼関係をつくるために、営業がやるべきことは、次の３つだ（図表19）。

①顧客に好かれる、少なくとも嫌われない接客をする。
②なるべく多くの回数を会う。
③顧客の小さな変化を逃さず、すぐに対応する。

新人営業でもできることばかりだ。次項から詳しく説明する。

20　好かれるより、嫌われない営業を目指せ【印象をよくする方法】

好かれるには相当のスキルが必要となる

顧客に好かれたり、気に入られたりすると営業はやりやすい。信頼関係をつくりやすくなる。しかし、こちらから働きかけて好きになってもらうのは難しい。相手の気持ちや感情をコントロールするのは相当のスキルが必要となるからだ。

新人営業にできることは、むしろ嫌われないように気を付けることだ。それならできる。15項で教えた第一印象に気を使うのはその1つだ。清潔で悪目立ちしないルックスを心がけることは、無用な反感を買わないための重要な心掛けだ。

それだけではない。営業として守るべき態度がある。特に最初に顧客と会うときが大切だ。悪い印象を与えないために、気を付けるべきことをいくつか挙げていこう。

笑顔を見せる

誰でも笑顔を見ると嬉しくなるものだ。とびきりの笑顔を見せよう。

なんだそんな当たり前のことを…と思ってはいけない。これまで多くの新人営業を見てきたが、笑顔になれない者は本当に多い。相手の話を真剣に聞くことに注力しすぎて、笑顔を忘れている場合がある。悪気はないだろうが、顧客に圧迫感を与えてしまっている。

慣れないので、ひきつった笑いになっている者も多い。顔が歪んでいたり、目が笑っていなかったりしたら、顧客を不安にさせてしまう。

笑顔がいびつになっていないだろうか。鏡の前で笑ってみればいい。スマホで写真をとってもいい。口角が上がり、頬が上がり、目がなくなるぐらいまで笑ってみよう。

営業は笑顔の練習をすべきだ。顔の筋肉をどう動かせば、ちゃんとした笑顔になるのかを覚えておこう。何度も練習していると、筋肉が自然な笑い方を記憶し、再現してくれる。

つくり笑いを推奨する気はないが、笑顔が歪んでいるので、気持ちがうまく伝えられないのは、もったいないことだ。笑顔を武器にしよう。

あいづちを打つ

人が話をしているときは、あいづちを打とう。

こんな簡単なこともできていない者が多い。私の印象では新人営業の半数があいづちを打てない。驚くべきことだ。

あいづちは「相手の話を受け入れている」という最低限のサインだ。人は承認されることを喜ぶ。承認されないと不安になる。試しに全くあいづちを打たない者に向けて、話し続けられるかやってみるといい。普通の人は1分も続けて話せないだろう。

あいづちを打たない者は、話しづらい相手だと見なされる。話しづらい相手とまた会いたいと思うだろうか。無意識のレベルにでも、「もう会いたくない、苦手な相手だ」という思いが刷り込まれてしまうだろう。

あいづちが打てないだけで、嫌われるようなことは避けるべきだ。

なぜあいづちが打てないのか。これはただの習慣だ。最初は意識してあいづちを打つようにしていれば、そのうち自然にできるようになる。本当に簡単なことなのだ。

相手の正面を向く

顧客と話すときは、相手の正面を向こう。

目をじっと見るのは威圧感を与える場合があるので、控えるべきだが、顔と身体は相手に向けるようにしよう。

身体を斜めにしたり、腕を組んだり、足を組んだりすることは、心理的には相手を拒否するサインとなる。

横に並んで話している時は別だが、テーブルをはさんで向かいあっているときは、身体をまっすぐ正面に向くことを心がけよう。

それだけで相手の話を正面から受け止めていることを示すことができる。

【図表 20　印象をよくする方法】

笑顔
を見せる
あいづち
を打つ
相手の正面
を向く
相手の言葉
を繰り返す
否定的な言
葉
を使わない

※併せて、15項【第一印象の大切さ】を参照のこと。

相手の言葉を繰り返す

相手の言葉を繰り返すことは、頷くだけよりも強い承認を意味する。

簡単な言葉を繰り返すだけでよい。

「今日はいい天気だね」「いい天気ですねえ」

「この前は大変だったね」「大変でしたよね」

この程度でよい。相手の話をちゃんと聞いて、承認していると伝えることができる。

繰り返してばかりで単調になると思うときは、簡単な質問を混ぜるとよい。ただし、当たり障りのない内容にしよう。

「今日はいい天気だね」「明日もいい天気ですかね」

「この前は大変だったね」「あの後も大変でした？」

この程度でよい。あくまで話をスムーズに進めることを優先しよう。

否定的な言葉を使わない

ともかく人は肯定されたいものだ。肯定され、承認されると、人はいい印象が記憶される。いい印象を持った時間を共有した相手を嫌いになることはない。

逆に言うと、営業は否定的な言葉を発してはならない。否定的な言葉を向けられると、自分が拒否された気持ちになる。

特にアプローチの際の雑談をしているときに、否定的な言葉や態度を示すのは、営業活動を台無しにする行為だ。

「でも」という言葉を多用する癖のある人は注意しなければならない。実際の話の流れに関わらず、否定ワードそのものが、相手を不快にさせることを知っていてほしい。

営業は、無用に嫌わることを避けなければならない。

21 久しぶりに会った人は信頼される【幼なじみ効果】

多くの回数を会う

人は会えば会うほど好きになるという習性がある。少なくとも慣れる。最初はよそよそしかった顧客も、何回か会っているうちに馴染んで親しみを示すようになるものだ。

ただし、少なくとも嫌われていないということが前提だ。嫌いな相手とは会うこと自体がストレスになる。一度、嫌いだと思われた相手と信頼関係を築くのは相当のハードルがあるので、20項の内容は忘れないでほしい。

第一印象で少なくとも嫌われていないならば、数多く会うことが信頼関係を築くことにつながる。新規顧客であっても、既存顧客であっても、なるべく多くの回数を会うようにしたい。

より多く会うための工夫

重要顧客にはより多く会うようにしたい。12項で教えたＡＢＣ分析を行う意味は、より重要で訪問回数を多くすべき顧客を選別することだ。ＡＢＣ分析の対象ではない新規顧客でも、どうしても取引したいと思う重要な顧客には、多く足を運ぼう。

数多く会うためには、理由が必要だ。だから面談の際は、宿題を持ち帰るようにしたい。顧客と会話する中で、今すぐ答えられないことがあれば、いったん持ち帰るようにする。ベテランや中堅営業になると、自ら課題をつくって、再度訪問する意味をつくることができるが、新人の頃は、単純に答えられなかったことを宿題にすればよい。

宿題がなければ、情報提供を行うために訪問すればよい。自社の新しい情報、新製品の情報、キャンペーンの告知、競合や業界の動向情報など。１回の訪問ですべてを出し切るのではなく、１つずつ出していけばよい。

ともかく訪問することが大切だ。重要顧客には月10回訪問すると決めたならば、必ず訪問しよう。

だから一度の面談時間は長くならないほうがよい。相手が負担にならない程度の時間で切り上げて、いい印象のまま、次回の訪問につなげていく。面談時間よりも、訪問回数を重視したい。

重要顧客以外は、訪問せずに放置していいのかというとそうではない。訪問するほうがいい。

しかし営業の労力には限界がある。すべての顧客をまんべんなく訪問することは不可能だ。いや、むしろやってはいけない。すべての顧客を訪問するために、重要顧客への訪問回数が減ることは避けなければならない。

顧客への訪問は常に取捨選択をしてメリハリをつける。訪問できない顧客ができるのは仕方がない。数か月ぶり、1年ぶりにしか訪問できない顧客もあるだろう。それでも訪問する意味はある。

久しぶりの訪問には「幼なじみ効果」がある

実を言うと、久しぶりの訪問は、思ったよりも効果がある。昔、頻繁に会った者と久しぶりに会うのは懐かしい気持ちもあるし、嬉しいものだ。それなりの人間関係ができた相手なら、しばらく会わないでいても、再会すると関係がよみがえる。むしろ、以前よりもいい関係になれる場合がある。

私はこれを「幼なじみ効果」と呼んでいる（図表21）。子供の頃、仲がよかった友達と久しぶりに会うと、過去の実際の関係以上に、絆が深まった気になることを経験したことはないだろうか。営業活動においても、長い付き合いの中で、そのような気持ちになることはしばしばあるのだ。

この関係性は意図してもつくることができる。アプローチの際や、重要な課題がある顧客とは、自然に多く会うことになる。関係も深まるだろう。課題が解消されると会う回数も減るが、そんな

【図表21　幼なじみ効果】

久しぶりに会った相手とは、親密さが増す。
これを「幼なじみ効果」と呼ぶ。

営業においても、意図的に会わない時期を作ることで、「幼なじみ効果」を作ることができる。
クレームにも逃げずに真摯に向き合えば、印象はよい。その後、久しぶりに会えば、親密さは増す。

顧客と久しぶりに会えば、幼なじみのような気持ちで接することができるものだ。その繰り返しで関係は深まる。

クレームのようなマイナスの問題で頻繁に会っていたとしても同じだ。迷惑をかけている顧客でも、課題に逃げず、誠心誠意対応したならば、悪い印象は残らない。むしろ、ともに課題に向き合った戦友のような気持ちで再会することができる。

だから、たとえ1年ぶりだとしても、顧客訪問をすることは大いに意味がある。「最近、来ないね」などと冷やかされることはあるだろうが、喜ばれるものだ。

いま頻繁に訪問している重要顧客にも同じことが言える。週3回訪問が目標だからといって、毎週毎曜日定期訪問するのは単調になる。時にはしばらく訪問しない週をつくってもよい。また訪問するようになると、関係性が少し深まることがあるだろう。

訪問の頻度や間隔も工夫することで、信頼関係をつくることに効果があることを知っておこう。

22　顧客の小さな変化を見逃すな【テスト受注の獲得】

「テスト受注」は、取引前の小さな依頼

訪問回数を重ねることで、馴染みの関係になることができる。しかしそれだけでは信頼関係を築くには至らない。やはりビジネスをする上での信頼関係は、仕事内容で築くものだ。

新規開拓の場合でいえば、いくら顔なじみの関係だったとしても、幼なじみだったとしても、仕事の取引を始めるにはハードルがある。いきなり大きな取引を任せるのは怖いものだ。だから、最初の取引の前に、仕事ができる相手かどうかを確かめたい。

まずは小さな取引をやってみて、信頼できる相手かどうかを見極めたい。いわば「テスト発注」だ。営業側からすると、この「テスト受注」に合格して初めて取引ができる相手だと認められる。最初の小さな取引は大変重要だ。何としてでも合格したい。

「テスト受注」は様々な形をとる

気をつけなければならないのが、テスト受注が、小さな取引というようなわかりやすい形で行われるとは限らないことだ。顧客側も無意識のうちに、信頼に足る営業かどうかを確認しているから、

テスト受注は様々な形をとることがある。

例えば、それまで仕事の話にならなかった顧客なのに、突如「一度、企画書を持ってきてよ」と言われることがある。これは、テスト受注だ。このときの企画書は完璧を期したい。内容も充実したものを提供すべきだが、時間も大切だ。1週間後にのんびり持っていくようなことはせず、翌日か翌々日、顧客の気持ちが冷めないうちに持っていくべきだ。内容でも、姿勢でも、取引する上で信頼できる営業だと認められなければならない。

サンプルを持ってきてほしいと言われることもある。パンフレットを多めに持ってきてほしいと言われることもある。展示会の日程を聞かれることもある。競合他社との比較表をつくってきてほしいと言われることもある。要するに、顧客がそれまでとは違う動きを見せたり、要望を伝えてきたりしたときは、テスト受注だと思うべきだ。

テスト受注に合格すれば、取引に大きく近づく。不合格ならば、これまでの関係構築への努力が無駄になる。営業としての正念場の1つだという自覚を持ってほしい。

既存取引の「テスト受注」は関係をより深める

新規開拓の場合だけではない。既存顧客との取引においても、テスト受注がある。

既に取引が始まっている顧客でも、通常の取引とは違う要望をされることがある。企画書に添付したグラフの元データがほしいと言われたり、これまでの取引履歴をまとめてほしいと言われたり、

【図表22　テスト受注】

- ビジネスにおいて、取引を始めるきっかけとなる小さな依頼を「テスト受注」と呼ぶ。
- テスト受注は、企画書の依頼、見積もり依頼、サンプル依頼などといった様々な形をとる。
- 既存顧客においても、ルーティンにない依頼があったときは信頼関係を深めるチャンスである。
- テスト受注の積み重ねで信頼関係は深まっていく。

工場を見学させてほしいと言われたり、展示会に上司と一緒に行くと言われたりするようなことだ。

既存顧客によるテスト受注は、信頼関係を深めるチャンスだ。顧客がそれまでと違うことを要望するのには理由がある。その真意を聞き出し、読み取り、完璧な答えを示したい。

顧客が本当に困っているときは、無理をしても助けたい

顧客が本当に困って助けを求めてくることもある。そんなときは関係を深めるさらに大きな機会となる。いざというときには、無理をしてでも顧客を助けたい。

顧客と営業の関係は、いざというときの積み重ねで深まっていく。後から思い返すと、あのときの営業対応があったから、顧客との絆が強まったのだな、と思える場面がいくつかあるものだ。後から思い返すのは簡単だが、「いまそのとき」を確実にものにできるのが優秀な営業だ。

テスト受注は、営業の醍醐味だ。営業として、テスト受注を捉える感性を磨いてほしい。

第4章　ヒアリング

23　ヒアリングの目的は、顧客の課題を見つけること【ヒアリングの構造】

ヒアリングとは

アプローチにおいて、顧客とある程度の信頼関係ができたならば、ヒアリングの段階に入る。

ヒアリングとは、顧客の悩みや要望を聞き出すことだ。確かなプレゼンテーションにつなぐためには、何としても本音としての悩みや要望を聞き出したい。信頼関係のない相手から本音を聞き出すことは難しいという意味でも、アプローチのプロセスが重要になることがわかるだろう。

ただ信頼関係にも段階がある。営業活動においては、深い信頼関係が築けていない顧客からもヒアリングをしなければならない場面がある。あるいはたとえ信頼関係があったとしても、ヒアリングが中途半端では、顧客の本音は聞き出せない。

だから、この章ではヒアリングの基本について教えよう。

顧客が商品を購入するのは、課題を解決したいから

そもそも顧客が代金を支払って商品やサービスを購入するのは、その商品やサービスが、顧客にとって必要なものだからだ。

必要とは何か。詳しく言うと、顧客が抱えている課題を解決するために必要なものだ。具体的に

は次の３つだ。

①現状の不満を解消するために必要なものである

顧客は現状に様々な不満や不便を抱えている。売上が停滞している。コストがこれ以上下がらない。不良率が高い。生産効率が悪い。従業員の定着率が低い。そんな不満を解消するために有効な商品やサービスであれば、必要となる。

②目標を達成するために必要なものである

顧客には目標がある。売上をいまの倍にしたい。生産性を20％上げたい。競合よりもシェアを伸ばしたい。コストを15％落としたい。その目標を達成するための商品やサービスであれば、必要となる。

③将来の不安を払拭するために必要なものである

顧客は様々なリスクを抱えている。市場環境の変化により、売上が急激に低下するかもしれない。重大な事故により、生産施設が使えなくなるかもしれない。重要な部材の仕入が滞るかもしれない。有能な従業員が退職するかもしれない。そんな不安を未然に防ぐことができる商品やサービスであれば、必要となる。

つまり、自社の商品やサービスが、何等かの必要に当てはまらなければ、購入されることはない。いや、むしろ、購入してもらってはいけない。営業のテクニックで必要ではない商品を購入させることができる場合もあるが、そんなことをすれば、営業の評価も会社の評判も早晩に失墜してしまうだろう。長い関係を志向するならば、お互いが納得のいく取引を心がけよう。

【図表23　ヒアリングの構造】

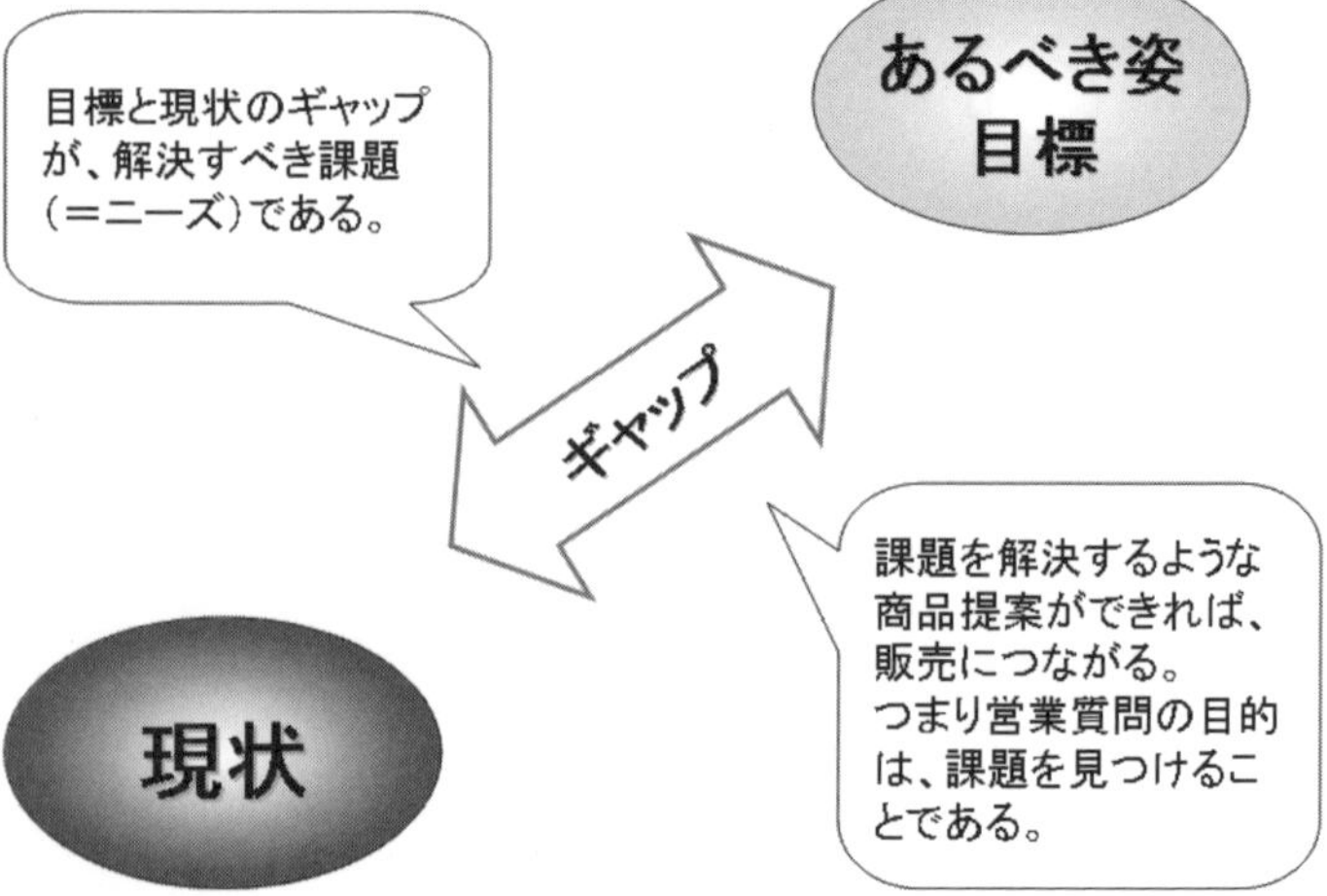
目標と現状のギャップが、解決すべき課題（＝ニーズ）である。
あるべき姿
目標
ギャップ
課題を解決するような商品提案ができれば、販売につながる。
つまり営業質問の目的は、課題を見つけることである。
現状

ヒアリングの基本は、現状と目標を聞き出し、課題を導き出すこと

だからヒアリングにおいては、本当に必要かどうかを聞き出さなければならない。どうすれば、聞き出せるのか。

基本は先に述べた現状と目標を聞き出し、課題を導き出す（図表23）。

①現状についてヒアリングする

現在の状況について、不満や不便はないか、不具合はないか、困っていることはないかを聞き出す。

②目標についてヒアリングする

顧客が目標としていること、理想の将来像、どうなりたいかを聞き出す。

③課題について確認する

現状と目標のギャップが課題だ。現状の不満や不便を解消し、理想の状態にするために、足りな

いものは何か。目標を達成するために、必要なものとは何か。理想の将来像に向かうために、リスクとなっているものは何かが、課題だ。顧客が、自らの課題や要望を正確に理解しているとは限らない。漠然とした不安や不満を抱いていて、何をどうすればいいのかわからない場合も多い。それを紐解いて、わかりやすく提示し、確認する。

この課題を導き出すことが、ヒアリングの目的となる。「ヒアリングではどこまで聞き出せばいいのか」とよく質問されるが、充分に課題を理解したと思えるまでやらなければならない。

そのためにも、「現状」「目標」「課題」というヒアリングの構造を頭に入れておこう。

24 商談は顧客も緊張している。肯定的な雰囲気をつくれ【アイスブレイク、雑談力】

アイスブレイクとは

信頼関係が充分にある顧客なら、ヒアリングを行うための雰囲気が自然にできているはずだ。しかしそうではない場合には、顧客にも営業にも緊張感がある。

適度な緊張感は必要だが、あまり固いと、心理的な障壁ができて、本音を聞き出すにはふさわしくない。

アイスブレイクとは、そんな凍りつくような場の雰囲気を和らげるための方法だ。

ベテラン営業は雰囲気をつくるのがうまい

この部分が、営業として経験の差が最も出るところかもしれない。ベテラン営業は総じて雰囲気をつくるのがうまい。顧客の表情や姿勢から心理的な距離を読み取り、最初の発声の仕方から微妙に調整して、距離を取り払ってしまう。こういうことが自然にできるのがベテラン営業だ。

新人営業は、そういうわけにはいかないだろう。こちらのほうが緊張してしまって、雰囲気を読むことさえできないのが最初の頃だ。

ある意味、場慣れするまでは、緊張してしまうのは仕方のないことだ。ただ過度な緊張は、相手にも伝わり、余計なストレスを与えてしまう。商談の前には、できるだけ深呼吸をするなどして、自分の緊張を和らげるようにしたい。

新人営業のアイスブレイクは仕事の話が無難

どうすればアイスブレイクできるのか。正直なところ、何でもよい。天気の話でも今朝のニュースの話でもよい。ちょっとした雑談をすることで、親しげな雰囲気ができれば、それでよい。

ただこんなことを言うと、機械的に天気の話をする人がいるかもしれないが、そういうことではない。新人営業がたどたどしく天気の話をしても、違和感しか残らないだろう。

スムーズに雑談ができる自信のない人は、やはり仕事に関する話から始めるのが無難だ。

頻繁に会う既存顧客の場合、前回の商談の内容を覚えておいて、振り返ればよい。

「先日、仰っていたことが気になって、調べてみました。実際そのとおりでした！」

「そういえば、前回は展示会の話になりましたよね。次回の日程が決まりました」

などと進めれば自然に商談に入ることができる。

久しぶりに会う顧客でも、仕事の話から入るとよい。

「倉庫がずいぶん大きく拡張されましたね」

「以前と変わらず、活気のある職場ですね」

などと入ればよい。

初めて訪問する顧客に対しては、事前に調べてきたことを確認する。

「ホームページで拝見していましたが、実際に来てみると、やはり綺麗な社屋ですね」

「噂には聞いていましたが、環境のよい場所ですね」

などと始めるとよい。

ここで注意すべきは、「肯定的な話をする」ことと、「相手への関心を示す」ことだ。

肯定的な話をする

いまからヒアリングをするタイミングで、否定的なことを絶対に言ってはいけない。ちょっとした雑談であっても、否定的な話は相手を傷つけるかもしれないし、拒否的な態度を呼び込んでしまう。

間違っても「前回のお話は間違っていましたよ」「ホームページで見るより、こじんまりした敷

【図表24　アイスブレイク】

- アイスブレイクとは、商談前の緊張した雰囲気を解きほぐす技法。
- 営業時のアイスブレイクは、ちょっとした雑談をするだけでよい。

ベテランは雰囲気づくりがうまいが、新人は苦手にしている人が多い。無難に仕事の話から始めるのがよい。
肯定的な話をする。相手に関心を示す。ことを守れば、大きく外すことはない。

地ですね」などと言ってはいけない。まともなヒアリングができなくなってしまう。

徹底して、肯定的な話をしよう。

相手への関心を示す

仕事の話をするときも、自社の都合を言うのではなく、相手に対して関心があることを示そう。自社商品を売りつけるのではなく、顧客の課題を解決するのが営業の仕事だ。それならば、顧客のことをもっとよく知りたい、本音を聞きたいと思っているはずだ。その気持ちを素直に表せばいい。

先の例に挙げたように、先方の会社のこと、社屋のこと、倉庫のこと、ホームページのことなどを話題にしよう。

特に新人の頃は、営業としてのスキルが高いわけではない。誠意と熱意だけが顧客に響く武器となる。アイスブレイクの時点でも、その姿勢を貫けばいいのだ。

25　商談の第一声は営業から発する【商談のコントロール】

商談をコントロールするのは営業

商談をする上で大切なことは、営業側がリードするという姿勢だ。受け身になると、相手から要求だけを提示されがちだ。

新人営業の頃、価格だけ聞かれて、端的に答えてしまい、「高い」と言われて商談が終わってしまったというようなミスがある。

相手のペースに乗せられると、必要なヒアリングができなくなる恐れがある。

ビジネスの主役は常に顧客だが、それをうまく仕切るのは営業だという意識を持たなければならない。

だから商談の第一声は営業側が発するべきだ。最初の一声で商談のペースが決まると思ってもいい。

たとえ雑談するにしても、主導するのは営業側だ。とにかく声を出して、流れをつくってしまおう。

顧客との心理的距離を縮めることができたならば、商談をスタートする前に進行をこちらで決めてしまおう。

具体的には、「今日の商談の目的」「商談の進め方」「商談時間」だ。

今日の商談の目的

目的を決めることは、商談をコントロールする最も重要な要素だ。

「今日は、来月の企画のためにいくつか質問をさせていただきます」

「今日は、前回お聞きした内容を整理しましたので、その確認をさせていただきます」

このように明確に宣言すればよい。

営業にはプロセスがあるが、目的が曖昧だと、今日がどのプロセスかを見失ってしまうことにもなりかねない。顧客側が、商談内容を完璧に把握していて、今日がどのプロセスであるかを理解しているとは限らない。むしろ理解していないことがほとんどだ。目的を設定することで、商談の方向性を規定し、散漫になることを防ぐ。

新人営業が、ヒアリングもできていない段階で価格提示だけをしてしまうようなミスは、商談の目的がはっきりしていないから起きる。新人の頃は特に、目的を宣言することを意識しよう。

商談の進め方

商談の進め方を決めることも、ペースを握る上では効果的だ。

「今日は、まず私から、いくつか質問をさせていただきます。その後、御社の課題を私なりに整理させていただきますので、ご意見をください」

「今日は、私が先に説明をさせていただきます。その後、ご質問をいただきますので、よろしく

【図表25　商談のコントロール】

- ビジネスの主役は顧客だが、商談を仕切るのは営業だ。
- 「商談の目的」「商談の進め方」「商談時間」は、営業が決める。

その日の第一声で商談のペースが決まる
アイスブレイクの時点から主導する

お願いいたします」

などと言えばよい。

商談時間

商談の期限や時間配分を決めることも大切だ。

「今日は、午後5時までお時間をいただけるということでよろしいですね」

「今回は大切な企画ですから、30分ほど質問のための時間をいただいてよろしいでしょうか」

というように、時間を決めることで、商談時間を確実に確保できる。また顧客の貴重な時間を無用に使うことの抑止にもなり、安心感を与える。

このように進行を規定することで、商談をスムーズ進めることができる。

商談をうまくコントロールすることは、着実な成果につながる。新人の頃から、その姿勢を持っていてほしい。

26 ヒアリングは呼び水情報がなければ、顧客は答えてくれない【双方向のヒアリング】

ヒアリングの大切さ

ヒアリングにおいて大切なことは、余計な説明や解釈は入れずに、ひたすら聞くことだ。中途半端に慣れた営業は、顧客の言葉にいちいち反応して、説明したり、解釈したりしてしまう。

ヒアリングの始まりは、顧客も表面的な言葉しか返さない。その段階で、営業が浅い解釈をしてしまうと、顧客もその解釈に影響されて、話を深めるのをやめてしまう。

ヒアリングにおいては、顧客自身が気づいていないほど深い部分にある課題を導き出さなければならない場合がある。深い部分にある真の課題が理解できると、それだけ的確なプレゼンテーションにつなぐことができる。

だから、商談の成否は、ヒアリングを深められるかどうかにかかっているといっても過言ではない。

営業側の浅い説明や解釈は不要だ。真の課題は何かが理解できたと思えるまで、ひたすら顧客の言葉を引き出そう。

具体的な情報を引き出すための「呼び水情報」

ただ、ひたすら聞き出すと言っても、尋問のようになっては、警戒されてしまう。双方向の話し合いの中で行われることで有効なヒアリングとなる。

ここで鍵となるのが「呼び水情報」だ（図表26）。

これは、顧客が悩みや要望を具体的に話しやすくするための呼び水となる情報だ。

例えば、顧客に「現状、お困りのことは何ですか？」と質問しても、漠然とした答えしか返ってこない可能性が高い。

だから「最近のお客様は、緊急停止後の再稼働の速度を気にされる方が多いですね」「先日、ある得意先様が、旧来の機械は稼働コストが高すぎると仰っていましたよ」などと具体的な情報を混ぜることで、呼び水となって情報を引き出すことができる。

「どういう状態が理想ですか？」と質問しても、返答に困るだろうが、「メンテナンスを含めたトータルコストで判断されるお客様が多いですね」「緊急時の迅速な対応を重視されるお客様が増えています」などと言えば、自社に置き換えて考えやすくなる。

呼び水に誘発された情報を鵜呑みにしてはいけない

ただし、1つの呼び水情報から引き出された内容をそのまま鵜呑みにするわけにはいかない。あくまでそれは呼び水に反応して出てきた情報の1つだ。

【図表 26　呼び水情報】

- 漠然とした質問には漠然とした答えがかえってくる傾向がある。
- 呼び水情報を出すことで、具体的な答えを引き出すことができる。

先日購入されたお客様は、ランニングコストのことを気にされていました…
最近は、特殊仕様のご要望が多いですね…

ただし、顧客の発想を規定してしまう恐れがあるので気をつけること。

真の課題を理解するためには、情報を広げ、深めていかなければならない。

思わぬところに、真の課題が隠れていたりするものだ。それを発見し、確認するまでがヒアリングだ。

ヒアリングを充実させるためには、内容を広げるスキルと深めるスキルが必要になる。

呼び水情報とは、内容を広げるスキルの1つだといえよう。

話題の幅を広げて、充実したヒアリングを行うためには、的確なときに、相応しい呼び水情報を出すことが必要だ。

そのためには、複数の呼び水情報を用意しておくべきだ。

普段から顧客の言葉や動向をよく観察しておいて、「現状」「目標」を引き出すための情報として整理し蓄積しておこう。

その引き出しの多さが、営業としての実力となる。

27　新人の頃は、聞き漏らしのないようにせよ【ヒアリングシートの作成】

新人営業はヒアリングシートを用意する

ヒアリングの際の質問には、基本的な質問と、深堀りするための質問がある。深堀りするための質問を的確に行うのは、それなりの経験や練習がいる。新人営業には、難しいかもしれない。

だから新人営業は、まずは基本的な質問を確実に行うことを心がけてほしい。ヒアリングで必要なことを聞き漏らして、電話して聞き直すような恥ずかしい真似は避けたいものだ。ベテラン営業になると、わざと聞き漏らして再訪問の口実にする人もいるが、新人が同じことをすると、ただの頼りない営業だと思われてしまうだけだろう。

新人の頃は、「ヒアリングシート」を用意しよう（図表27）。

これは、最低限、聞き漏らしてはならないことを書いた紙だ。Ａ４の紙に必要事項をプリントアウトし、それを顧客の前で埋めていってもいい。

ヒアリングシートがあると、聞き漏らしはなくなる。顧客も質問項目が明白なので、答えやすいメリットもある。

新規開拓営業に関しては、特に必要となる。

ヒアリングシートの項目は、次の7つだ。

①会社概要、事業内容

新規開拓営業の際は、会社概要や事業内容を確認する。ただし一から聞くのではなく、事前に調べてきたことを確認するようにすることだ。

②担当者

訪問した担当者について聞きたい。いただいた名刺を見ると、ある程度の属性はわかるだろうが、会社によっては肩書や部署の名称が独特でわかりにくいことがある。全体的な組織体制とともに、担当者がどのような立ち位置の人なのかを確認する。

また担当者が決裁権を持つ人ならばいいが、そうではない場合、決裁権限者を聞いておきたい。

③需要

そもそも自社商品分野に関する需要や関心があるかを聞く。現状使っている商品に不満があったり、問題を抱えていたりすると、需要があると判断できる。

④商品選択のポイント

担当者や決裁者が考える商品選択のポイントを聞く。仕様、品質、納期、価格など様々な判断基準があるが、どの部分を重視しているかを聞きたい。

ただし、該当商品分野にあまり知識のない顧客は判断基準が曖昧になる。その場合は、営業側が商品分野の基本について説明することから始めなければならない。そのためにも、商品分野への知識や造詣について聞きたい。

⑤予算

商品やサービスの予算について聞く。信頼関係ができている顧客はある程度正確な予算を教えてくれるだろうが、そうでない場合は、教えてくれないこともある。

そういうときは、商品分野に関する「相場感覚」を確かめてみよう。適正な相場感覚を持っている顧客なら、プレゼンテーションに進みやすいが、相場感覚が曖昧な場合は、より詳しい状況を説明する必要がある。

⑥購入時期

いますぐ購入したいという話なのか、検討中の案件なのか、参考として聞きたいだけなのかを聞く。それにより、緊急性を判断する。

⑦競合

競合他社の動きを聞くことを忘れてはならない。現在、他社の商品やサービスを使用しているなら、乗り換える理由が必要となる。

また競合他社の営業の動向も聞く。他社が積極攻勢をかけているのであれば、それ以上の攻勢がいるだろうし、差別化ポイントも重要になってくるだろう。

競合他社のほかにも、丸ごとアウトソーシングしたり、社内で内製化したりといった代替手段もあるので、聞いておきたい。

【図表 27　ヒアリングシート】

1. 会社や事業に関する情報 2. 担当者 – 決定権があるのか？ – なければ、決定権者、キーマンは誰か？ – その他意思決定に影響を及ぼす人は誰か？ 3. 需要 – 現状に不満がある？ – 商品分野に関心がある？ 4. 商品選択のポイント – 商品に対する知識はあるか？ – 商品購入の決め手は何か？	5. 予算 – いくらまでなら購入したいか？ – 相場価格はいくらと感じているか？ 6. 購入時期 – 今すぐに欲しいのか？ – 購入を検討段階にあるか？ – 後日必要になるときがあるか？ 7. 競合 – 他社商品を使っているか？ – 他社からの売り込みはあるか？ – 他の代替品を使っているか？

もちろんヒアリングシートの内容は、業種業界、新規営業、ルート営業によって変わるので、カスタマイズしてほしい。

ヒアリングは、プレゼンテーションにつなげるための重要なプロセスだ。顧客の課題を解決し、要望を叶えるような充実したプレゼンテーションをするためには、充実したヒアリングが絶対に必要だ。

顧客のためにも、自分自身のためにも、ヒアリングを疎かにしてはならない。

営業も中堅クラスになると、ヒアリングシートがなくても、聞き漏らすことはなくなるだろう。むしろヒアリングシートがないほうが自由で聞きやすいという人もいる。

だが、新人の頃は、聞き洩らさないようにするだけでも精一杯のはずだ。

営業のスタイルを確立するでは、ヒアリングシートを使ったほうがいい。

28　効果的な質問をして、深いニーズを聞き出す【効果的な質問方法】

【図表28-①　課題を導き出す質問】

- 現状について聞く
  - ✓ いま現在はどのような機種をお使いでしょうか？
  - ✓ どのようなことにお困りでしょうか？
- 目標イメージを聞く
  - ✓ どのような商品をお求めでしょうか？
  - ✓ どのような状態が望ましいですか？
- 課題を整理し確認する
  - ✓ 課題は○○ということでよろしいでしょうか？
  - ✓ 最も重要視されるのは○○の部分ですね？

ヒアリングの目的

ヒアリングの目的は、顧客が抱える真の課題を見つけ出すことだ。顧客の様々な言葉や態度から、顧客が抱える課題を見出して、顧客とともに確認する。

23項で教えたように、「課題」は、「現状」と「目標」のギャップを知ることで導き出すことができる。ヒアリングの際は、現状はどうなっているか、目標はどう設定されているか、課題は何かを意識し、整理しながら質問する。

ただし、顧客が本当の課題に気づいているとは限らない。むしろ真の課題は、顧客自身も意識していないことが多いだろう。

そんな場合、必要となるのが「深堀り質問」だ。

深堀り質問は、顧客の真の課題を見つけ出すための手法だ。様々な質問の技法を使う（図表28―①）。

【図表28-②　オープン質問とクローズド質問】

オープン質問	クローズド質問
（答えを限定しない質問） •どのようなことにお困りでしょうか？ •ご要望は何でしょうか？ •どのような状態が理想でしょうか？ ※引き出す質問	（答えを限定する質問） •コストのことでお困りでしょうか？ •もっとも重視されるのは納期でしょうか？ •シェア40%が目標ですか？ ※確定する質問

オープン質問、クローズド質問

まず、質問には大きく分けて「オープン質問」と「クローズド質問」がある（図表28―②）。

オープン質問とは、「現状、お困りのことは何でしょうか?」「一番の目標とされていることは何でしょうか?」というような答えを限定しない質問のことだ。

クローズド質問とは、「ランニングコストの部分を最も気にかけておられるということでしょうか?」「目標達成イメージは、地域シェアトップになるということでしょうか?」というような答えを限定する質問だ。

基本的に、オープン質問で悩みや問題を引き出し、クローズド質問で確認していく。引き出す、確認する、引き出す、確認する、を繰り返すことで徐々にヒアリングを深めていく。

ただし、オープン質問の弱点は、質問方法が漠然となりがちで、漠然とした答えになる傾向があることだ。そこで、26項で教えた「呼び水情報」を散りばめられることで、できるだけ具体的な内容の答えを引き出すとよい。

あまり恣意的な呼び水情報で答えをミスリードしてしまうのは避けなければならないが、適切な情報提供は、ヒアリングを活性化させる。

具体化の質問、根拠の質問

オープン質問で引き出した言葉が曖昧であったり、迷いが感じられたりするときは、「具体化」「根拠」の質問を行って深めていく。

「具体化」とは、文字通り、話を具体的にしていくための質問だ。「具体的には、どういう不具合があったのでしょうか？」「例えば、どのような事故があったのでしょうか？」というように、「具体的には」「例えば」を使う。

「根拠」とは理由を聞く質問だ。「なぜ、そのような目標を設定されたのでしょうか？」「どうして、そのような行動をされたのでしょうか？」というように「なぜ」「どうして」を使う。

「なぜ」「どうして」「具体的には」「例えば」の質問を繰り返すことで、ヒアリングは深まっていくことを覚えておけばいい。

事実化の質問

ヒアリング内容を深めていく過程では、推測や仮定の話が多くなる。あまり事実と離れていくと現実的な話ではなくなり、プレゼンテーションにつなげにくくなってしまう。そんなときは、いっ

【図表28-③　深堀り質問】

	内容	質問
具体化	曖昧な悩みや要望を具体的に、明確にするための質問	・例えば、どのようなことがありますか？ ・具体的にいうと、どういうことですか？
根拠	表面的な悩みや要望の真因を探るための質問	・なぜそのように思われましたか？ ・どうしてそうなったのでしょうか？
事実化	悩みや要望の5W3H（誰が、何を、いつ、どこで、どのように、いくらで…）を明確にするための質問	・場所はどちらでしょうか？ ・それはいつ頃のことでしょうか？ ・どなたが要望されたのでしょうか？
横展開	他の悩みや要望を聞き洩らさないための質問	・他にご要望はございませんか？ ・他にお困りの点はございませんか？

たん「事実化」するとよい。

「事実化」とは、内容を現実的な事実として捉えることだ。「誰が・いつ・どこで・何を・どのような理由で・どれぐらいの数量・予算で・どのようにした」という5W3H（Who・When・Where・What・Why・How・How many・How much・How）で整理する。時折、事実として捉えなおすことで、観念や理想論が独り歩きすることを避けたい。

横展開の質問

内容が深まってきたと思っても、そこで終わっては、真の課題に辿り着けない恐れがある。ヒアリングでは「横展開」することを忘れてはいけない。

「横展開」とは、話を横に広げることだ。「他に、気になっていることはございませんか？」「他に、ご要望はございませんか？」というように「他に」を使う。

ヒアリング内容が深まっているときは、思考が活

【図表28-④　ヒアリングの構造】

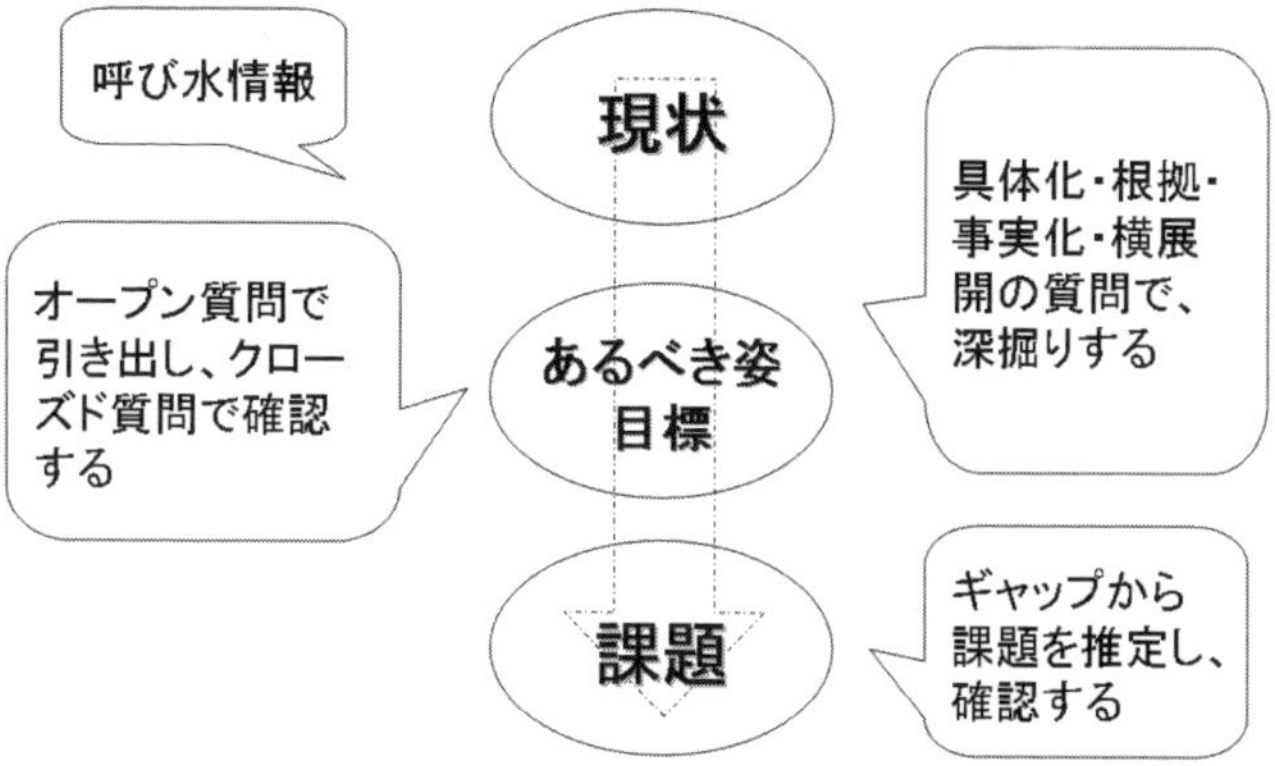
呼び水情報
現状
あるべき姿
目標
課題
オープン質問で引き出し、クローズド質問で確認する
具体化・根拠・事実化・横展開の質問で、深掘りする
ギャップから課題を推定し、確認する

性化しているので、話が広まっていきやすい。ついでのように話した言葉の中に、大切な課題がある場合も多いので、横展開は必ず行う。

確認の質問

問題や課題が見つかったと思うときは、クローズド質問で「確認」する。

「私なりに考えたのですが、この部分に問題があると考えてよろしいでしょうか？」「ここが課題だと捉えていいでしょうか？」というような言い方だ。

もう少しテクニックを使うとすれば、二者択一の形で確認すればよい。

「課題は、Aの側にあるのでしょうか？　それでもBの側でしょうか？」と二者択一を選んでもらうことで、顧客自身が答えを導き出したという形をとることができる。

確認作業はとても大切だ。自分だけ課題を理解したと思っていても、ひとりよがりな理解であるかもしれない。

日を改めて会ったときには、忘れてしまっている恐れもある。

だから、ヒアリングの最後に確認することは必須なのだ。

特に顧客とともに導き出した課題は、顧客自身にも思い入れがある。有効なプレゼンテーションにつなげることができるだろう。

大きな企画などで、顧客自身が意識していなかった課題を見出し、ともに確認し、喜ばれることは、営業の醍醐味の1つだ。充実したヒアリングができるようになってほしい。

質問のパターンを身につける

テクニカルなことを色々伝えたので、難しいと思ったかもしれない。

しかし、心配することはない。今回、伝えたことは、営業でも中堅クラスになると、自然にやっていることばかりだ。

新人営業は、質問の技法をパターンで覚えていけばよい。英単語を覚えるより、よほど簡単なはずだ。とりあえず、パターンとして覚えて、実際の営業でやってみて、少しずつ身につけていくのがいいだろう。自然にできるようになるのを待つよりも、相当のスピードで成長できる。

大きな企画などで、顧客自身が意識していなかった課題を見出し、ともに確認し、喜ばれることは、営業の醍醐味の1つだ。

充実したヒアリングができるようになってほしい。

第5章　プレゼンテーション

29　プレゼンテーションはワンパターンでいい【プレゼンテーションの基本】

プレゼンテーションとは

プレゼンテーションは、顧客の課題を解決する方法を提案し、契約につなげるための活動だ。営業活動のハイライトだと言えるだろう。

ただし営業活動の中で、特に難易度が高いプロセスかと言われれば、そうではない。ヒアリングにおいて、顧客の真の課題を的確に理解し、納得してもらっていれば、充実したプレゼンテーションはできる。プレゼンテーションがうまくいかないときは、ヒアリングが充分ではなかった可能性が高い。躊躇せず、もう一度、ヒアリングに戻るべきだ。

プレゼンテーションにはパターンがある。そのパターンに当てはめれば、比較的簡単に行える。

プレゼンテーションは、地味でワンパターンでも成果につながる

プレゼンテーションはパターン通りで構わない。先月も同じパターンだったので、今月は違うパターンでしようと考えたり、スティーブ・ジョブズばりの相手を驚かせるプレゼンテーションを演出しようとしたりする必要は全くない。

そんなことをするぐらいなら、プレゼンテーションのロジックを強固にする努力をしたほうがよ

い。その提案が、顧客の課題を解決するものであることが、論理的・実証的に伝わり、納得されれば、プレゼンテーションが地味でワンパターンでも、営業の成果につながる。

プレゼンテーションの基本パターンは単純だ。

「結論を先に言い」「その理由を3つにまとめて伝え」「データや実績で補完する」

これだけで最低限の論理と実証を示すことができる。

結論を先に言う

結論を先に言うことは、常にビジネスの基本原則だ。プレゼンテーションでもそれは変わらない。先に結論を述べないと、時間に追われるビジネスマンの集中力を捉えることはできない。

プレゼンテーションにおいては、先に提案する商品企画や内容を端的に説明する。

「燃焼性の高い素材を扱う工場に適した特殊仕様の○○機を提案します」

「工場のライン停止を最小限に抑える省メンテナンスの○○機をおすすめします」

このように明確に言えばよい。

その提案が、直接に顧客の課題を解決するものならば、期待値は高まり、注目されるはずだ。

理由を3つにまとめて伝える

そこですかさず理由を3つにまとめて伝える。

提案をするからには、課題を解決する理由が論理的に納得いくものでなければならない。

「燃焼に強い特殊鋼を使用」「エンジン部分は完全密閉を実現」「燃焼物質が内部に蓄積しない構造」「自動調整装置付き」「省電力設計」「遠隔操作で誤作動を抑制」などと、なぜ燃焼性に強いのか、ライン停止を起こさないのか、どのようにそれを実現するかを3つにまとめる。

「3つ」というのは、それが最も受け入れやすいからだ。3は、プレゼンテーションのマジックナンバーだ。人は、理由が2つ以下だと、まだないのか探してしまうし、4つ以上だと多いので整理したいと感じる。私の経験からも、3つでまとめるのが、最も納得されやすい。

データや実績で補完する

そして3つの理由をデータや実績で補完する。

プレゼンテーションは実証的でなければならない。特に法人の顧客は、親しい仲だからとか、勢いで何となく、などといった購買行動はとらない。3つの理由が実証できることをデータと実績で伝え、納得してもらうことが必要だ。

そのためにも、商品のことをよく理解しておかなければならないし、その特長を伝えるデータや実績は整理・保管しておかなければならない。顧客に求められれば、いつでも提供できるようにしておこう。

【図表29　プレゼンテーションの基本フォーム】

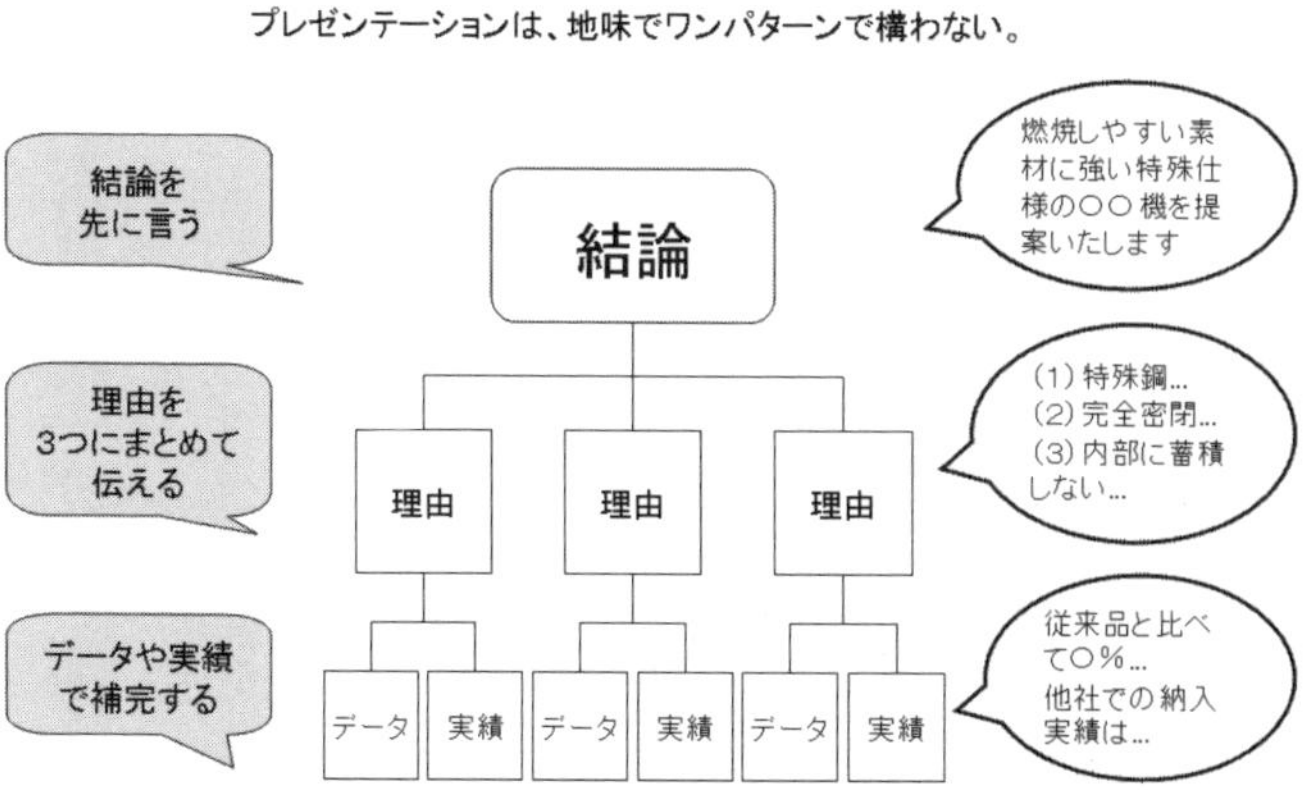

プレゼンテーションは、地味でワンパターンで構わない。

プレゼンテーションの基本フォームは、様々な場面で使うことができる

このプレゼンテーションの基本フォーム（図表29）は、応用範囲が広い。本格的な企画書のまとめにも使えるし、ルート営業での見積書を前にした簡易的なプレゼンテーションにも使える。

展示会では、小間の前を通り過ぎる見込客の注意を引くために短時間で商品説明をする場面があるが、その際にも効果を発揮する。結論と３つの理由だけなら、30秒でも説明できる。顧客の興味を引くようなら、さらに詳しいデータや実績を示せばいいのだ。

このように、基本フォームさえしっかりしていれば、30秒でも30分でもプレゼンテーションができる。

だから商品や企画ごとにつくったプレゼンテーションのフォームは、自分の引き出しに入れておいて、いつでも取り出せるように整理しておくことだ。引き出しの量や多彩さが、営業の実力に結びついていくものだ。

30　提案書は統一せよ【提案書の作成】

提案書は、担当者以外の関係者を説得する資料となる

プレゼンテーションにおいては、提案書や付属資料を用意することが多いだろう。本格的な場合はパワーポイントなどで資料を作成し、スクリーンやモニターに映し出してプレゼンテーションを行う。会社や業界の慣習として、提案書を使わない場合もある。しかし、何らかの資料は必要になるはずだ。提案書や資料は、クロージングにつなげる重要な要素となる。プレゼンテーションを直接行った担当者だけではなく、その上司や関係者に説明し、稟議を通すためのツールとなるからだ。

購買決定においては、関係者の思惑や力関係が複雑に絡み合う。担当者が商品企画を気に入っても、他の権威者が企画を理解できなければ否定されるかもしれない。その際、提案書や資料が、企画決定の重要な要素になるわけだ。提案書や資料は、できるだけしっかりしたものを用意しておきたい。

提案書は基本フォームを統一する

ただし、提案書も1回1回時間をかけてつくりこむ必要はない。基本フォームに当てはめればよい。

一般的な提案書の基本フォームはこのようなものだ。

①表紙、②提案の基本コンセプト、③顧客の課題、④具体的な商品企画、⑤課題を解決できる根

拠、⑥根拠を補完するデータ、⑦導入スケジュールなど

これは一例だ。業界や会社によって基本フォームは変わってくる。

重要なのは②で課題を解決できる結論を明確に述べ、⑤でその理由・根拠を３つ説明し、⑥で根拠を補完する証拠を出すことだ。この骨組みさえしっかりしていれば、カスタマイズは自由にしてよい。

特に⑥のデータや実績は、後から見返すことが多い。プレゼンテーションの最中には、細かいデータまでは充分に説明できないだろうが、資料がしっかりしていればそれでよい。

提案書は、営業が説明できない場面でも、ひとり歩きする。だからこそ、提案書のロジックと、実証データと実績は、しっかりとつくりこんでおきたい。

追加資料の依頼には完璧に応える

顧客と関係が深まれば、「競合比較データをつけてほしい」「コストデータをもっと詳しくほしい」などのリクエストがくることがある。22項で教えた「テスト受注」だ。社内関係者の説明に必要な資料なので、契約前提のリクエストといえる。完璧なデータをすぐにつくって、関係をさらに深めたい。

一度、契約に至った提案書の基本フォームは、顧客企業の購買意思決定の要件を満たすものだったと考えらえる。そのまま、次回も同じフォームに当てはめて使えばよい。

このようにして、自分なりの提案書の基本フォームをつくっていこう。できれば基本フォームは、営業チーム内で共有し統一すると、営業の効率が上がる。ノウハウは積極的に開示していこう。

【図表 30- ①　提案書の内容（例）】

- タイトル
- 目次
- 商品コンセプト
- 現状分析と課題
- 商品概要と特徴
- 競合分析

- 商品仕様
- 導入効果
- 価格・予算
- 販売計画
- スケジュール
- 参考資料

【図表 30- ②　提案書の内容（例）】

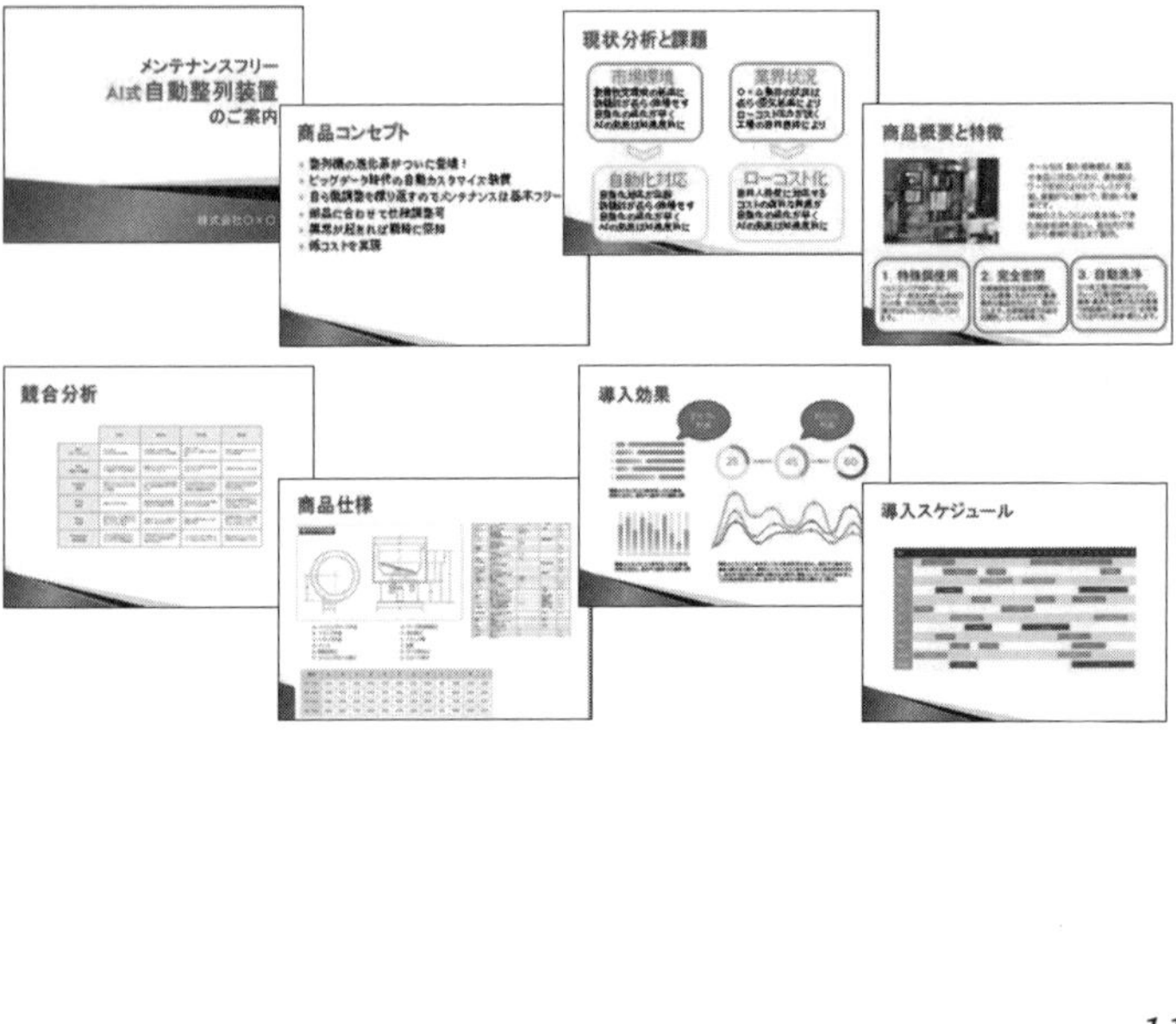

31　数字に強い営業はプレゼンテーションにも強い【データを示す】

プレゼンには論理と実証が必要

プレゼンテーションにまず必要なものは、論理と実証だ。その商品を購入することが、顧客の利益になることが論理的に納得され、データで実証されることで、納得され、契約に近づく。

論理と実証は、営業がそこにいないときでも効果を発揮する。顧客担当者がライバル会社の提案と比較したり、社内の関係者と検討したりするときにも、力を持つのは、論理と実証だ。

特に客観的なデータは、説得力を持つ。数値データは、改ざんでもしない限り、否定しようがない。データで裏打ちされた論理は、納得せざるを得ない迫力を持つ。

具体的な数値で説明する

営業は、客観的な数値に強くなるべきだ。資料として付属する数値データだけではなく、説明の段階から数値を示すことができれば、営業としての説得性が格段に上がる。

実際、優秀な営業は数字に強い者が多い。

顧客から「この商品高いんじゃないの？」と言われて、「トータルコストで考えればお得ですよ」と返すよりも、「確かに競合の商品より１０００万円ほど高いですよね。ただ、この商品は新型で

20％の省エネタイプですから、年間で200万円の光熱費が浮くことになります。5年で回収できる計算になります。耐用年数が10年だとすると、逆に1000万円安いということですよ」と数値を明確に入れることで説得力が増す。

だから営業は、自社の商品分野に必要な数値感覚を身につけておくべきだ。経営分析ができるようになるまでとは言わないが、製造業、小売業、サービス業の財務的特徴をある程度は理解し、顧客がどの数値を重視しているかを知っていてほしい。

数値というものは客観的で公平なものであるが、視点を変えることで印象が変わる場合がある。顧客に、よりわかりやすく説明するためには、数値をどのように示せばいいのかを工夫することも必要だ。数値を示す際には、「全体で見る」ことと「個別で見る」ことを覚えておいてほしい。

数値を全体で見る

「全体で見る」とは、文字通り、会社全体で、チーム全体で、業界全体で、長期的に、「見る」という意味だ。

「会社全体で見ると、年間1億円の利益アップとなります」

「業界全体で見ると、売上規模は10兆円です」

「1年間で見ると、1億円のコストカットです。10年では10億円となります」

などというように、トータルで考えると、メリットがあることを示すことができる。

【図表31　データで示す】

- 客観的なデータに裏打ちされた論理は、否定できない迫力を持つ。
- 自社商品分野に関するデータは頭に入れておき、具体的な数値で説明する。
- 数値は、全体と個別で見る。

・会社全体で見ると、1億円の利益アップです
・1年間で見ると、1億円のコストカットとなります
全体で見る
・1取引あたり10万円の販促費用です
・1人あたり80万円の採用コストがかかっています
個別で見る

逆に「1000万円のコスト負担ですが、会議費全体の2割程度で充分なサービスを受けることができます」と必要な費用であることを示す場合にも使う。

数値を個別で見る

「個別で見る」とは、1取引あたり、1人あたり、1時間あたりというように、個別単位の数値を見るということだ。

「1取引あたり、10万円の販促費用がかかっています」
「1人あたり、80万円の採用コスト負担です」
「1時間あたり、1・3個の不良品が発生しています」

などというように、個別単位で見るほうが、課題が明確になり理解しやすい場合がある。

こうした数値の示し方で、プレゼンテーションはわかりやすくもなるし、焦点のはっきりしないものにもなる。

数値を使いこなすことで、顧客にわかりやすいプレゼンテーションを心がけてほしい。

32　体験談はデータに匹敵する【体験談を語る】

体験談は顧客の感情に響く

体験談は、数値データほどの客観性や実証性はないが、自分に置き換えやすく、実感を持って受け取られる。

数値は無味乾燥で訴えかける強さに欠けるが、うまく語られた体験談は、顧客の感情に響き、記憶に残りやすい。

提案書には、商品を既に購入した既存顧客の事例を掲載しておくとよい。プレゼンテーションの対象となっている顧客企業と、業種や規模や地域など共通点のある企業の事例を載せることで、購入した際のメリットや注意点など状況がわかりやすくなる。

企業事例は営業が直接話したほうが迫力がある

体験談や企業事例は、提案書を読んでもらうよりも、営業自身の言葉で伝えるほうが、より迫真的だ。

「つい先日、これと同じ製品を他県のお客様にご購入いただいたのですが、それはもう喜んでいただけました。この商品はとにかく静かですからね。住宅街の中の工場にとっては、最適の商品ですよ！」

「○○専用の商品というのはあまり馴染みがないと思われるかもしれませんが、先月、導入された他県のお客様のところでは、二番人気の売れ行きになったと喜ばれています。あの地方都市でも需要があるのですから、こちらでも試してみる価値はあると思いますよ」

こうしたエピソードとして語られる事例は、印象に残りやすい。顧客は、商品の特長や潜在需要を実感として記憶してくれるだろう。

営業自身の失敗談や苦労話を話す

企業事例だけではなく、自分自身の体験や失敗談、苦労話も効果がある。

「1年ほど前に、この商品を導入したお客様がいらっしゃったのですが、そちらは苦労しました。結合部の仕様が聞いていたものと違いまして……。サーと血の気が引きましたが、取り付け担当者が持っていたアタッチメントを使って、なんとか動かすことができました。もちろん、翌日には、正式な部品を取り寄せてつけ替えました。おかげ様で、それからずっと正常に稼働しています」

「この商品、本当は1年以上前に完成していまして、こちらにも早く提案したかったのですが、弊社の開発部が1年間の実証実験が済むまでは、公にすることはまかりならんと言うのですね。開発部とはずいぶんやりあったのですが、本当に頑なでした。このたびようやく実証実験が終わりま

【図表32　企業事例・体験談】

- エピソードトークは記憶に残りやすい。他企業の事例として話すと、商品の特長や需要を実感として受け取ってもらえる。
- 営業自身の失敗談や苦労話も効果が高い。体験したことは、営業ツールとして引き出しに入れておき、いつでも話せるようにしておこう。

したので、正式に提案できます。おかげ様で品質・機能は完璧です！」

こうした実感を持って語られる体験談は、顧客を惹きつける。営業の熱心さや正直さとともに記憶されることだろう。

ベテラン営業は、こうした事例や体験談を無数に持っており、それが営業としての懐の深さとなっている。

顧客が抱える課題ごとに適切な体験談を話すことができれば、顧客の不安や懸念を和らげることができ、契約に近づく。

営業経験のない新人営業はその点では不利だと言えるが、これからの営業活動1つひとつが貴重な体験談となることを意識し、新鮮な気持ちで取り組んでほしい。

あるいは他人の経験を拝借してもいいだろう。折に触れて、上司や先輩から体験談を聞き出し、自分の引き出しに入れておこう。

33　より効果的なプレゼンテーションは臨場感が決め手【臨場感の演出】

臨場感演出の基本

論理性と実証性は、プレゼンテーションの根幹であり、絶対に必要なものだ。ただし、顧客担当者に本当に必要だと実感してもらうためには、もう一押しが必要だ。

合理性を求める法人顧客でも同じだ。購買意思決定が複雑な法人企業では、担当者に味方になってもらい、推してもらうことが契約の鍵となる。担当者を味方にするために必要なのが「臨場感」だ。

顧客に購買してもらう上で、一番確実なのは、その商品を実際に使用し、サービスを体験し、所有し、本当によかったと感じてもらうことだ。しかし、実際には、購入する前なのだから、購入した後の実感を持ってもらうことは不可能だ。その壁を取り払うのが臨場感だ。

臨場感で大事なのは「実物を手に取ってもらう」「実際に使用してもらう」「生産現場に来てもらう」の３つだ（図表33）。

実物を手に取ってもらう

実物を手に取ってもらうことは、プレゼンテーションでは基本中の基本だ。商品を持ち込み、触れてもらわなければ実感は得られない。商品サンプルは多めに持ち込み、関係者１人ひとりに手渡そう。

持ち込めない大きな商品でも、間近で見てもらいたい。展示会では、大きな機械や自動車でも、現場への設置が重要だ。大きな商品は存在だけで迫力がある。動いているところを見てもらい、触ってもらおう。

実物なしでのプレゼンテーションは避けたい。大きな商品なら現場で設置しているところを見てもらう。サービスなら体験してもらう。食品なら食べてもらう。実物を実感してもらった上で、プレゼンテーションに臨むのだ。先にプレゼンテーションをしてしまうと、曖昧な印象が先だち、効果が半減する。

実際に使用してもらう

さらに臨場感を持ってもらうためには、実際に使用してもらうことが有効だ。いくら商品サンプルを手にとってもらっても、自動車を試乗してもらっても、試食してもらっても、プレゼンテーションでの場のため、実感が湧きにくい。一定期間、実際に使用してもらうことでより身近に感じられる。

消耗品などの場合は関係者に提供して、実際に使ってもらおう。サービスの場合は、現場で体験してもらおう。食品の場合は、家庭で食べてもらおう。自動車の場合は、一定期間、使用してもらおう。産業機材でも、できるだけ使用してもらう工夫をしたい。

一定期間使用してもらった上で、プレゼンテーションに臨めば、説明が実感とともに理解されるはずだ。実際の使用感や使い勝手などに関する報告や質問もあり、充実したプレゼンテーションになる。

ただ、よくわからないまま使用して、悪い印象を持たれないようにしたい。担当者に提供する際には、使い方や特徴を充分に説明して、メリットを感じられる使用をしてもらおう。

【図表33　臨場感の演出】

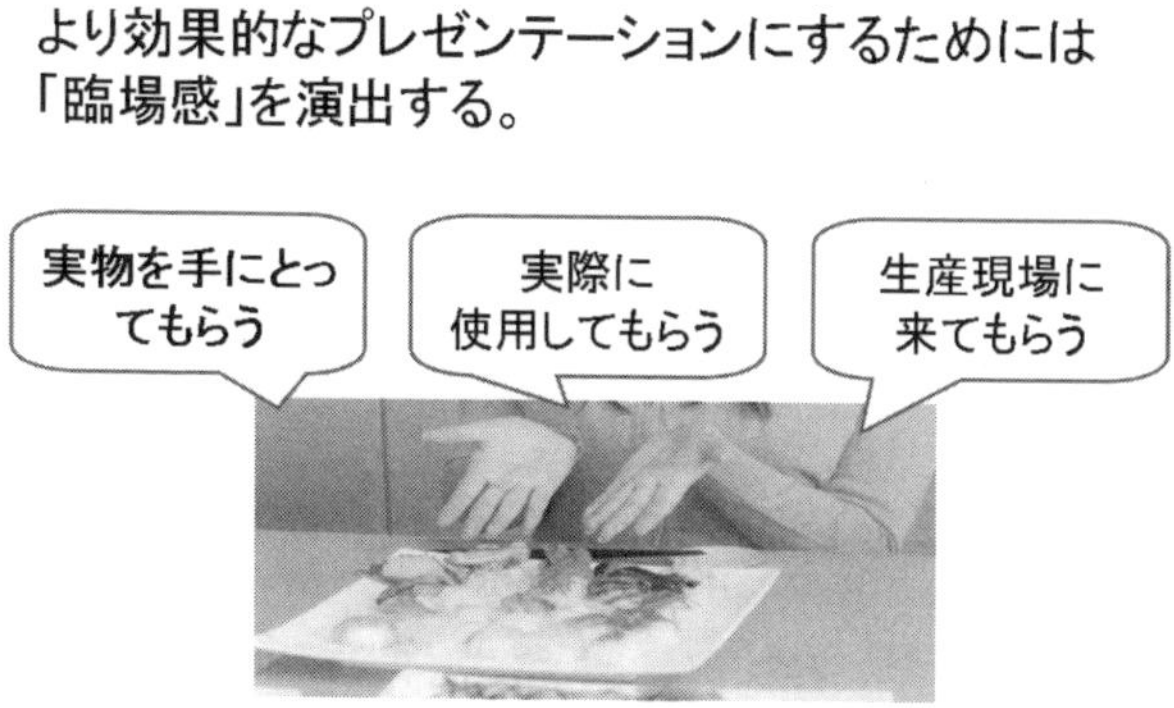
より効果的なプレゼンテーションにするためには
「臨場感」を演出する。
実物を手にとってもらう
実際に使用してもらう
生産現場に来てもらう

立ち会えるならば、できるだけ傍にいて、よりよい使用を体験してもらおう。立ち会えない場合は、あらかじめ動画などで使用シーンを見てもらい、追体験するような使用をしてもらうと、メリットを感じてもらいやすい。

生産現場に来てもらう

大きな取引の場合、生産現場に来てもらうといい。ライン機械や部材など、事前の使用が難しい商品は、製造現場を見てもらうことが効果的だ。商社であれば、倉庫を見てもらえばいい。サービス業であれば、サービスを提供する現場だ。

法人顧客なら、その企業の実力は生産現場からわかる。本気で取り組みたいと考える顧客は、むしろ生産現場を見たいと要望するだろう。その結果、取引できないと判断されても仕方がない。無理に取引しても、いずれトラブルになるだけだ。既存顧客でも生産現場を見てもらうことは、信頼関係の強化につながる。

充分に臨場感を演出した上で、プレゼンテーションに臨めば、わかりやすく、心に響くものとなる。

34 比較することで、商品の魅力がより鮮明になる【商品の比較】

競合商品と比較する

プレゼンテーションをさらにわかりやすくするためには「比較」をうまく使うとよい（図表34）。

提案書には、商品の競合比較データを添付することが多い。自社商品のメリット伝えるだけではなく、競合商品の特徴や自社との違いをはっきりと示したほうが、プレゼンテーションの納得性は高まる。

顧客は、競合商品も検討していることが多い。法人顧客においてはほとんどがそうだ。単に価格だけの選択にならないようにするためにも、競合比較はしっかりと伝えるべきだ。

だから、営業は、同タイプの競合商品についても、把握しておく必要がある。コンペや相見積もりで競合しそうな商品については、長所も弱点も含めて精通しておくと、ヒアリングやプレゼンテーションの精度が上がる。

自社商品と比較する

比較は、競合商品だけではなく、自社商品でも行えばよい。新商品は、旧タイプの商品と比較することで、長所が際立つ。アピールポイントをわかりやすく伝えるのに、旧タイプとの比較はとても有効だ。

旧タイプ商品からの変更点は、商品開発の考え方や方向性を示している。顧客にとって、企業としての姿勢や戦略方向性を伝えることができる。

現行商品同士でも比較することはよくある。商品を提案するときに、複数の商品を同時にすすめる場合などだ。ピンポイントで1つの商品を強力にプッシュするのもいいが、タイプの違う複数の商品を同時に提案することで、選択できる余地を残すのだ。

人は自分で選択したときに、満足度が高くなる。提案する側とすれば、本命の商品は決めつつも、選択肢をつくっておけばいい。顧客の決断を促すことができる。

現行商品を複数提案する場合は、違いを一部だけにする

ただし、選択肢が多彩すぎると、余計な混乱を与えてしまう。提案する商品は、類似したタイプに絞り、比較ポイントは少なくするべきだ。

そもそもタイプの違った商品を複数すすめると、課題解決の方向がぶれてしまい、プレゼンテーションの論理がおかしくなる。目的はあくまで顧客の課題を自社商品で解決できることを示すことだ。本分を忘れてはならない。

複数提案する場合は、違いは一部だけの商品にする。

例えば、「メンテナンスなし商品」、「メンテナンス1年分つき商品」、「メンテナンスフリー商品」。

【図表34　商品の比較】

比較対象	内容
競合商品	競合比較は、顧客の調査の手間を省き、利便性を高める。単に価格だけの比較にならないためにも、比較ポイントを明確に示す。
自社 旧タイプ商品	旧タイプ商品との比較は、新タイプ商品の特長を際立たせる。変更点を示すことで、商品開発の方向性を伝えることができる。
自社 現行商品	自社現行商品との比較は、顧客に選択余地を示す。ただし、提案の方向性がぶれないように、違いは一部だけにしておく。

また「通常商品」、「特殊仕様対応商品」、「特殊仕様およびメンテナンスつき商品」。

このほか「通常サービス」、「年間制限なしサービス」、「年間コンサルティング付きサービス」などだ。

機能やサービスが付加されると価格も上がっていくことになる。

一般的に、「松・竹・梅」のように価格帯の異なる商品は、真ん中の竹が選ばれる傾向にある。個人客の場合もたしかにその傾向がある。

だから、最もすすめたい商品は真ん中に設定するとよい。

しかし法人顧客の場合は、必要性を合理的に判断して選ぶので、必ずしもその法則は当てはまらない。法人顧客の場合、複数提案する理由は、機能や仕様の選択肢を明確にするためだ。

必要性を鑑みながら、提案する商品を設定しよう。

35　差別化提案は、営業の能力を格段に高める【差別化提案】

差別化提案は、価格競争を回避する

差別化提案とは、他社製品など比較した上で、違いをアピールする提案だ（図表35）。どうしても同じ業界で同じ商品分野を扱っていると、商品やサービスが似通ってくる。人気商品は皆が真似をする傾向があるからなおさらだ。

顧客側からすると、類似商品ばかりでは、判断に困る。結局は、価格の安さぐらいしか判断要素がなくなり、価格競争を促すようになる。過剰な価格競争で業界全体が疲弊していくのは、類似商品ばかりしか提案できない営業側の責任でもある。

差別化提案は、価格以外の判断要素を顧客にアピールすることだ。提案した商品が他社と違うものであれば、価格比較はされにくい。

そもそも、顧客は安い商品ばかりを望んでいるわけではない。本来的には、抱える課題を解決することを望んでいるわけで、それが費用負担以上の価値があると判断されるなら、購入することに躊躇しない。

差別化提案された内容が、より顧客の課題解決につながるなら、購入決定の大きな動機となるだろう。

差別化の基本は、顧客の個別事情に寄り添うこと

差別化の基本は、より顧客個別の実情に寄り添うことだ。万人に受け入れられやすいのが人気商品だとしても、個別の事情に照らすと、どこか足りなかったり余分だったりする。

例えば、産業機材を扱う場合、海辺の顧客は、錆に強い機材を求めるだろう。住宅街の顧客は、コンパクトで音が小さい機材を求めるだろう。敷地の広い郊外の顧客は、大きくても頑丈な機材を求めるだろう。そうした特殊事情に適応した差別化提案ができれば、契約に大きく前進する。

消費財は、より似た商品が多くなるので、差別化提案が難しくなるかもしれない。そんなときは企画全体で差別化することだ。

例えば、小売店に自社商品を提案する場合、ご当地のイベントや祭りに合わせた販売企画として、催事コーナー全体をプロデュースする。自社商品がテレビ番組に採り上げられたタイミングで、動画モニターつきの販売コーナーを企画する。ライバル小売店と徹底した差別化コーナーを企画するなどだ。小売店も新鮮で売上効果の高い企画を求めているので、思惑が合致すれば通りやすくなる。

営業は差別化提案することで格段に成長する

営業が絶対に言ってはいけないのが「他社と似た商品です」といった言葉だ。自ら類似商品を認めてしまうなど、値引きしてくださいと申告しているようなものだ。営業は常に「他社の商品とはここが違う商品です」とアピールしなければならない。

【図表 35　差別化提案】

- 差別化提案は、価格競争を回避する効果がある。
- 顧客の個別事情に寄り添い、的確な差別化を行う。
- どんな小さな差別化でもアピールすることが重要。

新人にとって、差別化提案は難易度が高い営業だ。しかし、営業能力を格段に高める効果がある。

似たような商品を差別化アピールするのは難しいと思うかもしれない。しかし、全く同じ商品ではないのだから、何らかの違いがある。その違いが小さいものであっても、アピールすることが大切だ。顧客はそんな小さな違いなど取るに足らないという反応を示すかもしれないが、めげてはだめだ。違う商品だと理解されるまで、アピールし続けることだ。

そのうち顧客も、差別化をアピールしたい会社だと認識するようになるだろう。そう印象づけるのが重要だ。提案するごとに、差別化ポイントをアピールしやすくなるからだ。

優秀な営業はそうして、自分に有利な自社のイメージをつくっていく。営業が「似た商品です」などと言っていたら、いつまで経っても、値引きありきの提案から逃れられないだろう。

私は、若い営業には、差別化提案することを厳命している。差別化提案は、営業の能力を格段に高める。手強い顧客に、差別化のイメージを持ってもらうのは難しいだろうが、それを乗り越えてこそ、一人前の営業になれる。

36　タイミングを合わせることができれば、顧客満足度が上がる【適時の提案】

タイミングとは

顧客先を訪問していて、偶然、いま必要になった注文を受けることがある。相見積もりをとるまでもない小さな注文なら、目の前にいる営業にそのまま依頼したら楽だからだ。

当然ながら、顧客訪問を多くしていると、そのような幸運に出会う機会も多くなる。だから訪問件数は上げるべきだ。だが、このような偶然を意図して受けることはできないだろうか。

タイミングというのは、営業の重要な要素だ。タイミングよく訪問するだけで、受注できるのだから、これほど効率のよい営業活動はない。しかし、偶然のように入るタイミングを捉えることは難しいと普通は思うだろう。

だが、ある程度は、タイミングを計ることができる。業界によっては受注が多くなる時期があるからだ。

商品の季節性を読む

消費財を扱っているなら、季節性のある商品がほとんどなので、需要の時期は明白だ。小売店が顧客ならば、春夏の商品は秋頃に商談が始まり、秋冬の商品は夏前に商談が始まる。その時期を逃すと、メインの商材としては扱われないので、各営業は懸命に営業活動に回ることになる。

この時期、トップ企業グループは、最大手の顧客グループへ訪問を集中させる。その分、二番手、三番手グループへの顧客訪問が疎かになる傾向にある。

私が若い頃、あえて三番手グループへの顧客訪問を優先して、成果を上げたことがある。ライバル会社の営業が誰も来ていないので、ほとんどの注文を独占できたからだ。自社のポジションによって、どの顧客グループを選ぶかを判断し、顧客訪問すればよい。

メインの商談に遅れたからといって、注文を全く得られないかというとそうではない。需要シーズンが始まる前と、始まった直後にタイミングがある。シーズン前は、商材の抜け漏れが発覚するので、追加注文を得るタイミングだ。シーズン直後は、売れ行きを予測して、やはり追加注文を得るタイミングとなる。ライバル営業が動いていないときこそ、活動を強めよう。

予算時期と買い替え時期を読む

産業機材の場合は、予算決定の時期と、耐久年数が切れる時期がタイミングとなる。

予算決定の時期は、業界によってほぼ一定している。業界によって異なるが、2〜3月、7〜8月に決定することが多い。その時期は、重点顧客への訪問を頻繁に行う必要がある。

機材の耐久年数が切れる時期というのは企業の個別事情となる。メンテナンス担当者と連携をとって、耐久年数が切れそうな機材を持つ顧客をタイミングよく訪問することだ。

【図表36　タイミングを合わせる】

タイミングよく受けた注文は、価格競争になりにくい。
タイミングを読むことは、極めて効果的な営業方法だ。

季節性	消費財など季節性のある商品は、提案時期が読みやすい。あえて最需要期を避ける工夫も効果がある。
予算時期	業界によって違うが、予算決定時期は一定しており読みやすい。
買換え時期	メンテナンス担当と連携をとるなどして、既存製品の導入時期を把握しておき、買換え時期を読む。
緊急需要	緊急案件、小さな案件などは事前に読めない。普段から「緊急対応に強い会社」というイメージをアピールして、声がかかるようにする。

緊急時の注文を集める方法

タイミングを計りづらい緊急の受注を自社に集めることはできないだろうか。難しいがやり方はある。

取引先に「いざというときはお声がけください」と普段から声をかけておくと、一定数は受注できる。そんなことか、と思うかもしれないが、これも重要な営業活動だ。

その際、優秀な営業は、「緊急時の対応には自信があります」「あらゆる特殊仕様に対応します」「狭小スペースへの設置ならお任せください」などと印象づけを行う。その内容が、尖っていればいるだけ、印象に残りやすいので、声がかかるようになる。もちろん、言ったからには、対応できなければならないが。

タイミングよく受けた注文は、価格競争になりにくいという事情がある。案件が小さかったり、緊急であったりして、相見積もりをとりにくいからだ。

だからタイミングに強い営業は利益率も高い。君も、そうなってほしい。

37　超一流の営業はストーリーを語る【情緒的価値の訴求】

論理と実証に加えて

プレゼンテーションの根幹は論理と実証だ。その商品やサービスを購入することが顧客の課題を解決するという論理が納得できるもので、確かなデータで実証できることがいいプレゼンテーションの条件となる。それを肉づけするものが、実感だ。担当者に自分のこととして実感してもらい、どうしても必要だ、欲しいと思ってもらえると、購入に近づく。そのために、事例や体験談を語り、臨場感を演出する。

だが、プレゼンテーションの要素はそれだけではない。

優秀な営業は、一見顧客の購買判断要素に関係のないことでも話題にし、信頼感や期待感を醸成する。

それがここでいう「ストーリーを語る」ことだ（図表37）。

会社の信頼感や期待感とは何か

契約に至った顧客に話を聞くと「御社だから買おうと決めた」と言われることがある。さらに話を聞くと「会社の姿勢に感心した」「応援したくなった」という言葉が続く。

実際、各種アンケートを見ても、会社としての信頼感や期待感から取引を決めたという顧客は多い。新規取引でも、継続取引でも強い動機となっている。

会社としての信頼感や期待感とは何か。実績や歴史や知名度があるということだろうか。しかし新興企業でも、零細企業でも、信頼に足る、期待できる会社はある。

会社の姿勢や歴史を伝える

会社が信頼され、期待されるのは、営業が、会社の姿勢や歴史を伝えているからだ。

「会社の理念やビジョン」は、取引を続けていく上での大きな要素の1つだ。「サステナブルな社会づくりに貢献する」「地域経済の発展に寄与する」「従業員やその家族の幸せを追求する」など経営理念に書かれている文言は、お題目としてだけなら何の意味もない。

しかし、真摯に取り組んでいることが、営業の口から伝われば、畏敬をもって受け捉られる。

いま大企業を中心にSDGsへの取組み機運が高まっており、購買判断の要素になっているという現実的な事情もある。だが、そんな功利的な考えではなく、真剣に語ってほしい。厳しい購買担当者も、本音では、理念を貫く会社を尊敬しているものだ。

「会社の歴史」「創業者のストーリー」なども、会社の姿勢を伝えるいい材料となる。「創業時の思い」「経営危機の際の対応」「飛躍に至った経緯」などは、印象に残りやすく、会社を身近に感じさせる。ドラマのような歴史を持つ会社は、応援したいと思うものだ。

【図表37　ストーリーを語る】

顧客に関係のないストーリーも真摯に語れば伝わる。

自社のビジョン・理念	ビジョンや理念は、会社の姿勢やあり方、哲学を伝える。海外では、取引する上で、ビジョンや理念を重視する企業が多い。
自社の歴史	創業者のエピソード、乗り越えてきた危機、現在に至る経緯などは会社の姿勢を伝えると同時に、親近感につながる。
開発者の苦労・裏話	商品開発の背景にあるエピソードがうまく伝われば、商品説明に深みが増す。場合によっては、商品への思い入れにつながる。
その他	営業自身の思い、商品への思い入れ、会社への信頼や愛着なども「自分を売る」ことにつながる。

「商品やサービスの開発秘話」もいいストーリーになる。顧客にとっても、商品の機能や効用だけではなく、その背景にある開発者の努力や苦悩を知ると、少なからず思い入れができるだろう。

「自分自身の思い」も、臆せず伝えればよい。昔はよく「営業は自分を売れ」と言ったが、それは自分のストーリーを語れということだ。営業に賭ける思い、商品に対する思い入れ、会社への信頼など、照れることなく語ってみよう。真剣な思いは、ちゃんと伝わるものだ。

ストーリーが語れる営業は一流

これらのストーリーは、顧客にとって得になるものではない。顧客によっては、「そんな話、うちには関係ないことだ」と一蹴されることもあるだろう。

だが、ライバル会社と条件で競い合っているとき、記憶に残ったストーリーが最後の決め手になることもある。顧客担当者も人間だ。思い入れのある会社や商品を応援したい気持ちがある。だから「御社だから決めた」という言葉が出てくるのだ。

ただし、ストーリーがわざとらしかったり、押しつけがましくなったりすると、逆効果になるので注意してほしい。優秀な営業は、適切なタイミングでさりげなくストーリーを語る。それができる営業は一流だ。

38 より本格的なプレゼンテーションをするときは会社に来てもらえ【プレゼンテーションの場所】

時と場所の確保

プレゼンテーションをする上で、時間と場所を確保することはとても重要だ。

論理と実証を完璧にし、資料も準備して、実物も用意したけれど、顧客の時間確保が充分ではないため、中途半端なプレゼンテーションに終わってしまっては、効果半減だ。

大きな企画のプレゼンテーションでは、顧客関係者の参加も多く、それなりの場所と時間を用意してくれるだろう。しかし、そうでない場合も多い。

基本フォームをマスターしていれば、変則的なプレゼンテーションでも対応できる

営業はどんな現場にも対応していかなければならないから、言い訳はできない。騒音で声も聞き

取れないような現場で、プレゼンテーションをしなければならない場合もあるだろう。忙しくて移動する顧客に向けて、歩きながらしなければならないときもある。

そのときのためにも、29項で教えた「プレゼンテーションの基本フォーム」を思い出してほしい。30秒でも、3分でも、30分でも対応できる基本フォームをよくマスターしておくことだ。どんな状況でも結果を残していかなければならない営業にとって、基本フォームは役に立つ。

会社にはプレゼンテーションに必要なものが揃っている

しかし、現実には、やはりしかるべき時間と場所を確保した上で、プレゼンテーションを行ったほうが効果は高い。

そんな場合は、会社に来てもらうようにすればいい。会社の会議室や応接室をプレゼンテーションの会場にすれば、環境は問題ない。誰にも邪魔されない時間を確保できる。プロジェクターやモニターも準備できるだろう。資料の不備があっても、すぐにリカバリーできる。

会社ならば、実物を用意しやすい。大きくて持ち運べないような商品も見てもらえる。実際に稼働しているところを体験してもらえる。工場がある場合は、製造現場も見てもらえる。

会社に来てもらうこと自体が優位性となる

何より、忙しい顧客担当者に、時間をとって会社に来てもらうこと自体が、購買決定の大きな動

【図表38　プレゼンテーションの場所】

・顧客に会社に来てもらえば、プレゼンテーションの時間と場所を確保できる。
・会社には必要なものがすべて揃っている。

忙しい顧客に、会社に来てもらうことじたいが相当の優位性となる。

機となる。

たしかに馴染みの薄い顧客ならば、わざわざ会社にまで足を運んでもらうのは、難易度が高いだろう。しかし、そこは営業の手腕だ。恐れる必要はない。

営業がその気になれば、なんだってできる。会社に来てもらうことを小さな目標とすればよい。無名の会社でも、営業が熱心に誘えば、顧客は動いてくれる。

顧客に来てもらった時点で、他社よりも少し関係ができたということだ。営業交渉をするうえで、多少は有利になっているはずだ。

そうした有利を積み重ねることで、営業の成績は上がっていく。現に私は、会社に来てもらうことをきっかけにして、何人もの顧客と信頼関係をつくってきた。それが私なりの小さな営業ノウハウの1つなのだ。

営業活動の1つひとつは、小さな工夫や努力の連続だ。一足飛びの逆転劇などないし、狙ってはならない。地に足のついた積み重ねができる営業になってほしい。

第6章　クロージング

39 クロージングは顧客の背中をそっと押すこと。無理強いはダメ【クロージングの方法】

沈黙の時間もクロージング

クロージングにおいて、焦りは禁物だ。あと一歩のところで最後の詰めを間違って、契約に至らないことはよくある。これまでの営業努力が水の泡になってしまうので、慎重に進めたい。

プレゼンテーションが終わり、「以上が弊社の提案です」と言ってしまうと、あとは付け加えることはない。しばらくの間、沈黙を受け入れて、顧客の第一声を待てばいい（図表39①）。

この沈黙の時間もクロージングだ。この時間は、全身の神経を傾けて、顧客の様子を観察するのだ。表情を窺うだけではない。身体の姿勢や動き、呼吸を読む。いや、読み取るよりも、呼吸を合わせると表現したほうがいいだろう。顧客の真の気持ちを感じることに神経を集中させる。

間違っても、営業が沈黙を破って、「そろそろ、いかがでしょうか」「この内容で、お決めになられたほうがいいと思いますよ」などと決断を急かしたり、購入を促したりする言葉を発してはならない。

購入を決める顧客は、必ず迷うものだ。その迷いを無理に押しやると、「買わされた」という気持ちが残ってしまう。その気持ちは、あとあと大きくなり、「もう少し慎重にすべきだった」「買わなければよかった」という後悔に育つ恐れがある。そうなると、二度と顧客にはなってくれないだろう。

顧客が自ら買いたいと決断するように、背中を押すことが正しいクロージングだ。決して無理強いしてはならない。

やがて顧客が第一声を発する。肯定的な言葉、否定的な言葉、色々な場合があるだろうが、焦ってはいけない。ここで、結果を急ぐと、台無しになってしまう。

顧客が肯定的な反応を示した場合

「弊社にとって必要な商品だとわかりました」「決めたほうがいいですよね」「この後、どうすればいいでしょう」などと、購入に前向きな言葉を発したとしても、表情や態度から本当の気持ちを感じるように心がけよう。たとえ、表情や態度が前向きだったとしても、一度は「気がかりな部分はありませんか。何なりとお聞きください」と尋ねるようにしよう。

それでも顧客が自ら進んで、購入したいという意思を示すならば、詰めの段階に進んでもよい。

顧客が否定的な反応を示した場合

「ちょっと違う気がします」「難しいですね」「よくわからなかったです」などと否定的な言葉があった場合は、プレゼンテーションが充分に理解されていないということだ。

このままクロージングを進めるのではなく、「率直なお気持ちをお話いただきありがとうございます。例えば、どの部分が違うと思われたのでしょうか？」「具体的には、どの部分が難しいとお感じでしょうか？」「わからなかった部分はどのあたりでしょうか？」などと、疑問や不安の原因を確かめるようにしよう。

顧客の反応がわからない場合

「まあ、わかりました」「こんな感じでしょうね」などと肯定的なのか否定的なのかわからない反応を示した場合は、納得していないと判断したほうがよいだろう。「わかりにくい部分はなかったでしょうか？」「気がかりな部分はなかったでしょうか？」などと、納得できない原因を聞き出すようにしよう。

落胆や不満を見せてはいけない

顧客から納得されなかったり、否定的な反応を示されたりしたときに、やってはいけないのは、落胆した表情を見せたり、不満そうにしたりすることだ。一所懸命つくったプレゼンテーションが受け入れられずに、がっかりする気持ちはわからないでもないが、それは顧客の責任ではない。

営業の本分は、売り込むことではなく、顧客の課題を解決することだ。どこまでも顧客の気持ちに寄り添い、疑問にも、不満にも真摯に対応するようにしよう。

プレゼンテーションをつくり直すことを厭わない

一度のプレゼンテーションで、顧客が完全に理解し、納得することは稀だ。多かれ少なかれ、疑問や不安、不満を覚えるものなので、それを丁寧に聞き出し、納得してもらえるまで説明するのが、クロージングにおける主要活動だ。

そこで疑問や不安が払しょくされ、顧客の不満がクリアになればそれでいい。しかし、ヒアリングの時点で重大な見落としや思い違いがあったならば、迷わず、プレゼンテーションをつくり直すべきだ。

間違ったプレゼンテーションをそのまま押し通すようなことはしてはいけない。素直に謝って、再チャンスをもらえるようにお願いしよう。たとえ、今回の企画に間に合わなかったとしても、営業としての誠意を失ってはいけない。

自ら購入する意思を示したならば詰めの段階に入る

プレゼンテーションの内容に顧客が自ら買いたいという意思を示したならば、詰めの段階に入る。そのときは、もう躊躇することはない。「具体的なお話に入らせてもらってよろしいでしょうか」「今後のスケジュールについてお話させていただきますが、よろしいでしょうか」などと、話を進めていく。余計な間をとらずテンポよく進めていくほうが、顧客の意思にかなう。

後は契約に関する細かな詰めとなる。細かな部分で抜け漏れがないように注意してほしい。

【図表39-①　プレゼンテーション後のクロージング】

クロージングに余計な言葉は不要。下記を言うだけでよい。

以上が弊社の提案です。

このとき、顧客は様々な反応を見せるが、決して焦って、言いくるめようとしてはならない。

顧客が躊躇したり、不満をもらしたときに、相手を否定するような言動をするとこれまでの苦労が台無しになる。

必ず肯定的に受け止め、誠実に粘り強く対応すること。

このときの対応が、営業に対する信頼感につながる。

【図表39-②　プレゼンテーション後の反応別：顧客へのクロージング】

肯定的な反応の場合	否定的な反応の場合	わからない反応の場合
一度は「気がかりな部分はありませんか。何なりとお聞きください」と尋ねる。それでも購入したいという意思があれば、詰めの段階に入る。	「率直なお気持ちをお話いただきありがとうございます。具体的には、どの部分が難しいとお感じでしょうか？」などと、疑問や不安の原因を確かめる。	納得していないと判断したほうがよい。「わかりにくい部分はなかったでしょうか？」「気がかりな部分はなかったでしょうか？」などと、納得できない原因を聞き出す。

詰めの段階
納得し、購入の意思を示したなら詰めの段階に入る。「具体的なお話に入らせてもらってよろしいでしょうか」「今後のスケジュールについてお話させていただきますが、よろしいでしょうか」などと、話を進めていく。余計な間をとらずテンポよく進めていくほうが、顧客の意思にかなう。

40　営業は会社の手先ではない。顧客と共闘せよ【顧客が無茶を言ってきたら】

顧客主導の姿勢を崩さない

それまで顧客の気持ちに寄り添い、課題解決に努めてきた営業が、クロージングの段階で急に自分の都合を押しつけだすことがある。早く成績を上げたい、取りこぼしをしたくないという思いがそうさせるのだろうが、いまになって売り込み臭が強くなっては、これまでの努力が台無しになる。

取引は、1回きりではない。長い付き合いを続けたいならば、顧客主導の姿勢を崩してはならない。

契約直前に無茶な要求を言ってきたら

クロージングの段階になって、顧客が新たな要望を追加してくる場合がある。「オプションを付けてほしい」「納期を早めてほしい」「設置場所を変更してほしい」などということだ。問題なく対応できる場合はいいが、技術や生産の兼ね合いもあり、対応が難しい場合もある。技術部や製造部が「いまさら無茶を言うな」と怒り出すような案件だ。

そんな場合でも、営業は顧客の要望をむげに断ってはいけない（図表40）。顧客側にも様々な事情がある。クロージング間際にわざと無茶を通そうとしている抜け目のない顧客もいるだろう。担当者も予期していなかった出来事が起こり、無茶を言わなければならなくなったのかもしれない。

【図表40　顧客が無茶を言ってきたら】

- 契約直前に顧客が無茶な要求をしてきたとしてもむげにしてはならない。
- まずは真意を確かめよう。
- 本当に必要な要求ならばできるだけ応えたい。

営業は顧客の代理人だ。会社と粘り強く交渉して、要求に応えたい。
ただし、顧客のわがままに振り回されていたら、社内での立場がなくなるので注意しよう。

あるいは、担当者自身のミスで、要求を追加せざるを得なくなった場合もある。

だから一概に「無理です」と言うのではなく、顧客の真意を確かめたい。率直に「いまの時期に、要件を変更するのは弊社としても難しいです。よろしければご事情をお聞かせいただけないでしょうか」と尋ねればいい。

本当に困っている顧客の要望はできるだけ応える

そのうえで、顧客が本気で困りはてた上でお願いしてきているのならば、できるだけ要望に応えたい。営業は会社の手先ではない。顧客の代理人であるべきだ。技術部や製造部と粘り強く交渉し、少しでも顧客の要望に近づく努力をしよう。すべてを叶えることができなければ一部でもいい、代案でもいい、顧客の悩みが解消する方法を真剣に考えて、顧客に提案してみよう。

ともに窮地を抜け出した経験は、顧客との信頼関係を格段に強化する。助けたり、助けられたりを繰り返すことで、結びつきは強くなる。窮地はチャンスだと思ってほしい。

しかし顧客が「要求が通れば儲けもの」程度の思惑でいるのであれば、そこまで真剣になる必要はない。抜け目のない顧客の要求に毎回振り回されていれば、むしろ会社の他部署との信頼関係がなくなってしまう。顧客であれ、会社内であれ、人間関係は常に持ちつ持たれつだ。表面的な要望に捉われるのではなく、本音を読み取るようにしたい。

41　商談は自分から打ち切ってはいけない。仮定をうまく使え【うまくいかないときの対応】

簡単に諦めない

クロージングの段階に至って、一部の条件が合わない場合がある。一部仕様が条件を満たしていなかったり、納期が間に合わなかったり、予算との差異が詰められなかったりした場合などだ。

そんなときでも、簡単に諦めてはいけない。

クロージングの段階まで進んでいるということは、可能性が全くないわけではない。脈がない場合は、もっと早い段階で判断されているはずだ。むしろあと少しで契約に至るところまで進んでいる。

条件が合わないのであれば、契約のしようがないじゃないか、と思うかもしれない。しかし、実際の営業では逆転はしばしば起きる。クロージングの進め方次第だ（図表41）。

「仮定」をうまく使う

一部の条件が合わない場合は、その一部だけに囚われてはいけない。その他の部分に注意を向ける。「残念ながら、価格については、開きがありますね。しかし、もし価格が合うと仮定すれば、他の条件は問題ありませんか?」「納期は厳しいですね。でも、仮に納期が間に合うとすれば、この商品で問題ありませんか?」「もし、この課題がクリアすれば、契約いただけますよね」

このように、「仮定」をうまく使って、他の部分に焦点を当てれば、条件を満たしていない部分がほんの一部であることを確認できる。その一部のために全体の好条件を諦めるのは得策ではないとお互いが思えば、条件の違いを乗り越える方法を考えようという気運が生まれる。

ここでも共闘だ。お互いが智恵を出し合って、壁を乗り越えられたなら、信頼関係は確実に深まる。たとえ乗り越えられずに、契約に至らなかったとしても、共闘したことで結びつきは強まるはずだ。営業自身が諦めてしまえば、この取引はその場で潰える。そんなもったいないことをしてはいけない。

クロージングに障害はつきものだ。様々な障害を乗り越えてこそ契約に至る。障害に当たったときは、簡単に諦めずに、以下のような工夫をしてみよう。

日を変える

商談が煮詰まったときは、いったん持ち帰って、仕切り直しをしよう。日が変われば、気分も変わり、前向きに取り組む気持ちになっているかもしれない。

【図表41　クロージングがうまくいかないときは】

- 「仮定」をうまく使う
  - 合わない条件に囚われず仮定をうまく使う。
  - もし、価格が折り合うとすれば、こちらの商品で結構ですか？
  - もし、納期が間に合うとすれば、この仕様で結構ですか？
- 日を改める
  - 一旦持ち帰り、再度クロージングに臨む
  - この日の合意事項を再確認することを忘れないこと
- 交渉する人員を交替する
  - 上司と交替など
- 第三者を交渉の席に呼ぶ
  - 他の利害関係者、専門家を使う
- 冗談を言う。
  - 笑いは万能

ただし、日が変われば、交渉すべてがリセットされる恐れもある。この日までの合意事項は必ず確認しておこう。

上司を連れていく

人が変わると、雰囲気もがらりと変わることがある。上司が商談に入ることで、顧客の態度も軟化する場合がある。そのためには、上司というカードはギリギリまでとっておこう。

第三者を連れていく

懸案事項が、専門的な内容であれば、技術担当者、知財担当者などに同席してもらおう。課題について新しい視点から見ることができる。

冗談を言う

笑いは、緊迫した雰囲気を一気に緩和させる。冗談の１つも挟んで、お互い余裕をもって商談に臨みたい。

42　クロージング・テクニックの濫用には気をつけよ【クロージング・テクニック】

正攻法でいくのかが大成の道

クロージング・テクニックをことさら覚える必要はないと私は思っている。新人営業の頃はなおさらだ。小手先のテクニックなどに頼らずに、正攻法でいくほうが大成する。どうすれば、顧客に理解していただけるか、納得してもらえるかに心を砕いてほしい。

ただ、営業を長くやっていると、どこかでテクニックを身につけるものだ。その中には、使えると便利なものもあし、あまり使うと危険なものもある。この項では、そのいくつかを紹介しよう。

小さな取引から始める

初めての取引をする場合、いきなり本格的な導入をするのは躊躇される場合がある。22項の「テスト受注」でも話したが、顧客側もまず試してみたいと思うものだ。その際は、小さな取引で構わない。むしろこちらから進んで、顧客が受け入れやすい小さな取引を持ち掛けよう。

顧客が小売店なら、1店舗のみで展開してみる。法人の購買なら、一部商材のみで取引を始める。製造業なら、小さな工具だけを納入するようなことだ。

一度、取引が始まれば、拡大は難しくない。０から１にするには多大なエネルギーが必要だが、１を２や３にするには、それほどのハードルはないのだ。

期限を切る

期限を切る交渉が、効果的である場合もある。

意思決定が遅い顧客に早い決断を促すことがあるのは事実だ。ただし期限を切る交渉は、安易なだけに、見透かされると、うさんくさい手法だ。長い関係を構築することを目標とするならば、怪しげな交渉は使ってはいけない。

「何日までに決めていただくと値引きします」「今日中に決めていただくと設置を無料にします」などという浅はかな交渉を頻発する営業がいるが、まともに相手にされているとは思えない。私も何度か期限を切ったことがあるが、そのときは、本当に期限を切らなければ間に合わないことを納得いただくまで説明した。怪しげな営業だと思われたくなかったからだ。

お試し価格

消耗品など繰り返し購入される商品については、最初の取引のみ特別価格で提供する手法がよく使われる。取引開始のハードルを下げる効果を狙うものだ。

一般消費者向けの商品の場合、一定の効果がある。法人顧客の場合は、ライバル会社への対抗措置か、担当者への感謝のための値引きという意味合いとなる。業界の慣習としてお試し価格がよく使われるなら、やらざるを得ないだろう。

保証する

使ってみなければ効果がわからないものに関しては「効果がなければ全額返金します」などといった保証が効果を発揮する場合がある。もっとも、これはビジネスモデルの一種なので、営業担当者の裁量でできるものではない。

まれに個人的な保証を確約する人もいる。「品質は私が保証します」「効果は私が保証します」などとはっきり言ってしまうような営業だ。自社商品やサービスに絶対の自信があるならば、覚悟を示すという意味ではいいかもしれない。が、言ったからには、本当に保証しなければならない。単なるリップサービスでいうのならば、やめておいたほうがいい。

使用者の話を聞いてもらう

高額な商品の場合、購入する前に、使い勝手や効用などは確認しておきたいものだ。一定期間、使用できるサービスがあればいいが、ない場合、使用者の声を聞いていただくのがいい。

企画資料に使用者の声や体験談の掲載にも効果はあるが、やはり生で聞いてもらうのが一番だ。利用者の集い、オーナーズクラブなどのイベントを開催し、コアな利用者と接触をしてもらう。

【図表42　クロージング・テクニック】

- 小さな取引から始める
- 期限を切る
- お試し価格を導入する
- 保証する
- 使用者の話を聞いてもらう
- オプションを付ける（小さな譲歩をする）

ただしウソはつかないこと。購入をうながすためのウソは信頼を大きく損なう。

購入後のイメージが実感した顧客は、購入のハードルが下がるはずだ。

オプションをつける（小さな譲歩をする）

40項のように、クロージング時に、突如としてオプションを要求する抜け目のない顧客がいる。契約の締結を前にして、飲まざるを得ないという計算からなされる行為だ。

こういう場合、むげにはできない。顧客側も、いったん要求した以上、何も叶えられないと、合意しにくい。はねつけるとしこりが残ってしまう。

そのときのために、可能なオプションを準備しておく。ただし、これは合意前の最後のカードだから簡単に出してはいけない。交渉の末、これで最後だというタイミングを計るようにしなければならない。

営業を長くやっていると、こうしたテクニックは自然と身につくものだ。それだけに気を付けてほしい。安易なテクニックに頼るようになると、新人の頃の溌溂とした熱意や誠実さが失われてしまう。うさんくさい怪しげな営業にはなってほしくない。回り道だと思っても、正攻法の営業で力をつけてほしい。

43　リピート獲得はクロージング時が最も効果的【リピートの獲得】

クロージング直後こそリピート獲得に動く

クロージングは営業活動のゴールではない。一度の取引が成立しても、その後が続かなければ、営業活動としては失敗だ。クロージングは、継続取引のスタートだ。クロージングのときにこそ、リピート獲得に動かなければならない（図表43）。

契約を締結した直後の顧客は、一種独特の心理状態にある。この契約内容が間違いではなかったと信じたい気持ちと、失敗したのではないかと後悔する不安が錯綜している。

そんなときに営業は、契約締結後も変わらぬフォローをしていくことを率直に語り、顧客の不安を消し去るようにしよう。

「このたびは、弊社との契約を締結していただきありがとうございます。弊社と取引をしてよかったと心から思っていただけるように、担当として全力を尽くします。どうか、末永いお付き合いをよろしくお願いいたします」

そんな言葉1つでも、顧客は取引への期待を強くするものだ。

実際、クロージングの成立時は、リピート獲得にふさわしいタイミングだ。契約締結を決めた顧客は、この取引を充実させたものにしたい思いを抱いている。そのための取組みには前向きだ。

メンテナンスサービスを付加する

まずオプションとしてメンテナンスサービスがあるならば、必ず提案しよう。有料、無料に関わらず、メンテナンスサービスは、取引の満足度を上げる重要な要素であり、継続取引の大きな要因となる。

今後の訪問日程を決める

今後の営業活動の予定も、クロージング後に決めてしまおう。1週間後か、1か月後か、その商品に適切な日時を決めて、使用後、稼働後の課題の聞き取りのための訪問予定を決める。売りっぱなしにするのではなく、フィードバックのための訪問を示すことは、顧客の安心感を高めるはずだ。

次の企画を進める

次の企画の予定があれば、提案準備を進めよう。取引が始まったばかりなのに、一企画が決まったばかりなのに、と及び腰になる必要はない。

君の営業活動が評価された今こそ、次の企画に向けて話を進めていこう。「次の企画がありまし

【図表43　リピートの獲得】

営業内容が評価されたクロージング後こそ、リピート獲得の絶好機だ。迷わず、リピート獲得に動こう。

メンテナンスサービスを付加する
今後の訪問日程を決める
次の企画を進める
イベントや展示会への参加を促す
他の顧客の紹介を依頼する

たら、新しい商品を提案させていただきます」と臆せず言えば、前向きな反応を得られることが多い。

イベントや展示会への参加を促す

イベント、キャンペーン、展示会などが決まっているならば、そのスケジュールを説明し、予定に入れてもらおう。

他の顧客の紹介を依頼する

他の顧客の紹介も、クロージング後には受けられやすい。「ほかにお困りのお客様がおられましたら、ぜひご紹介ください」と一言言っておこう。

長い付き合いをするとは、長く顧客の役に立ち続けるということだ。商品やサービス、営業活動を通じて、顧客の課題を解決し、パートナーであり続ける、それが取引を続けるということだ。そのための活動に遠慮をすることはない。クロージング後のタイミングを有効活用してほしい。

第7章　営業マネージャーが新人に伝えたい「アフターフォロー」

44　契約した顧客には二度目の購入、お知り合いの紹介を目標とする【アフターフォローの重要性】

営業成績を安定させる秘訣はリピート顧客を多く持つこと

アフターフォローとは、一度購入していただいた顧客に、もう一度、購入してもらうための活動だ。一度の取引なら勢いや偶然のタイミングがあったかもしれないが、二度目の取引を成立させるためには、本当の満足と納得が必要となる。

ところが多くの営業が、一度購入していただいた顧客に、再び接触することにそれほど熱心ではない。むしろ、次の新規顧客を探そうとする者が多い。

そんな営業は、努力の方向性が間違っている。多大な労力を要する新規開拓営業だけを続けていると、いつかコスト倒れになるだろう。営業が、安定した成績を残すためには、継続的な取引をしていただける顧客の存在が不可欠だ。

営業に端的な秘訣はないが、敢えて言うならば、信頼して取引を続けてくれる顧客を１人でも多く持つことだ。派手なパフォーマンスは必要ない。地味でも、着実なアフターフォローが、君の身を助けることだろう。

基本は、もう一度会うこと

最も基本的で、効果的なアフターフォローはもう一度会うことだ（図表44）。

顧客は、契約締結のときから、ビジネスがスタートすると思っている。ところが、取引するまでは熱心だった営業が、ぱったり来なくなると、「お金を貰えばそれでいいという考えなのか」と勘繰ってしまう。

そのような営業と、二度目の取引をしたいという顧客はいないだろう。そんな思いをさせないためにも、なるべく早い時期に、取引のフィードバックのための訪問をしよう。

顧客のクレームはガス抜きの意味もある

顧客の中には、クレームをつけてくる人もいる。「思ったのと違った」「こんなデメリットは聞いていなかった」「期待ほどよくなかった」といった内容だ。

クレームを言われるのが嫌で、訪問に二の足を踏む営業がいるかもしれない。

しかし、購入後のクレームは一種のガス抜きの機能もあることを知っておいてほしい。顧客は、どれだけ納得して購入したつもりでも、失敗したかもしれないという不安を持っているものだ。その不安が、営業へのクレームとして噴き出すことがあるのだ。

顧客のクレームに対しては、これまでと同じく、真摯に対応しよう。クレームは顧客の本音を聞くチャンスでもある。

顧客が、商品に対して、何を期待し、どのように感じているのかを知ることができる。致命的なクレームでなければ、誠意をもって説明し、認識の違いや誤解を解消するように努力しよう。

営業が変わらぬ態度で誠実に接していることがわかれば、顧客は安心し、むしろ信頼関係は深まるだろう。

定期的に訪問することが最強のアフターフォロー

ガス抜きが終わったからといって、そのまま放置しておけば、また元の木阿弥に戻ってしまう。できるだけ定期的に訪問しよう。

もっとも、時間に余裕がない営業が、すべての顧客を定期訪問するなど不可能だと思うかもしれない。たしかにそうだ。顧客訪問には優先順位があり、訪問できない顧客もあるだろう。

それでも、顧客と信頼関係を深めるためには、訪問することが一番だ。1年に1回でもいい。2年に1回でもいい。

21項で示したとおり、久しぶりに会う相手には、幼なじみ効果が働く。頻繁に訪問できなくても、会う意義は高いと知っておこう。

ルールを決め、定期訪問をルーティン化する

時間が足りない中、「時間があるときに訪問しよう」などと考えていたら、永遠に訪問できない。

【図表44　アフターフォローの重要性】

営業成績を安定させる秘訣は、継続取引していただける顧客を増やすこと。
アフターフォローを地道にすることが、優秀な営業への道となる。

基本は、
もう一度会うこと
最強のアフターフォローは定期訪問すること。ルールを決め、定期訪問をルーティン化しよう。
クレームを言う顧客もいるが、ガス抜きの意味もある。そんな顧客とは関係が深まることが多い。

メンテナンスなどで定期訪問が義務づけられている場合はいいが、そうでない場合は、自分で定期訪問をルールづけしていく必要がある。

12項のABC分析でいえば、Aグループ顧客は1か月に1回、Bグループ顧客は半年に1回、Cグループ顧客は2年に1回などと、自分なりのルールを決めて、定期訪問をルーティン化していくべきだ。

商品によっては、再購入が考えにくいものがあるだろう。冠婚葬祭関連や、住宅など、一生に一度の大きな買い物などだ。

そういうビジネスこそ、アフターフォローが大切だ。口コミや紹介が重要になるビジネスだからだ。

紹介を得られるというのは、顧客から信頼されているからに他ならない。有望な紹介が得られるような営業を目指してみよう。

45 自分でできるアフターフォローをコツコツやること【様々なアフターフォロー】

いまは会社側も、営業がアフターフォローをしやすいように様々な機会を設けている。最大限、利用しよう。

展示会は、アフターフォローの絶好の機会となる。

取引が始まったばかりの顧客には、ぜひとも足を運んでもらおう。自社の現在の能力と意欲を見せることができる。

展示会は絶好の機会

展示会場では、自社の様々な商品を手に取ってもらおう。華やかな展示会の雰囲気の中で触れる商品の数々は、強い印象を与えるはずだ。

展示会は、すべての顧客と顔を合わすことができるまたとない機会だ。普段、訪問できていない顧客とも、展示会でなら直接話ができる。場合によっては、展示会でしか会わない顧客もいるだろう。それだけ貴重な機会となる。

だからこそ、展示会には、多くの顧客に来てもらいたい。展示会前には、すべての顧客に念入りに連絡を入れ、確実に来てもらうようにしよう（13項参照）。

販促イベントやキャンペーンを活用する

会社が企画する販促イベントやキャンペーンもアフターフォローのいい機会だ。営業にとって、顧客訪問の強い動機となる。普段、動きの鈍い営業を強制的に顧客訪問させる狙いがあるのだろうが、営業もその意図に乗って、積極的に訪問する機会としたい。

定期メンテナンスや定期訪問が義務づけられている場合は、それがアフターフォローのいい機会だ。義務づけられていない場合でも、自ら定期訪問をルール化しようと前項で述べた。

それ以外でも、営業が自ら行えるアフターフォローの方法はある。

セールスレターを送付する

自分の得意先に、定期的にセールスレターを送るのもいい方法だ。３か月に一度でもいい、半年に一度でもいいので、顧客の役に立つ情報、新商品の情報、お客様の声、自身の近況報告などをＡ４一枚程度にまとめて、郵送するのだ。簡単な方法だが、意外に効果的だ。

特に、普段、訪問できない顧客に対しては、貴重な接触の機会となる。セールスレターを見た顧客は、少なくとも、営業のことを思い出す。これを機会に思わぬ受注が入ることもある。

ただし、やるなら定期的に続けることだ。１回、２回で終わってしまっては意味がない。セールスレターは、長年続けてこそ効果を発揮するものだ。

郵送するのは経費がかかるのでやりにくいという者は、ｅメールで送ればいい。今は、一斉メー

【図表45　様々なアフターフォロー】

会社の取組み •展示会 – すべての顧客と会える絶好の機会となる。普段会えない顧客こそ招待しよう。 •販促イベント・キャンペーン – 顧客訪問の理由として最適。
個人の取組み •定期訪問 – ルールを決めて、ルーティン化する •セールスレター – 顧客の役に立つ情報、近況報告などを送付する 一度や二度の取組みでは意味がない。 営業でいる限り、アフターフォローを続けること。

ルの機能も整備されているので、無料で無限に送ることができる。郵送ほど開封されていないが、何もしないよりはいい。

営業でいる限り、アフターフォローを続ける

アフターフォローは、すぐに形に見える効果があるわけではない。だから、やりたがらないし、やり続けられない営業が多い。

三日坊主で終わるのなら、やらないほうがましだ。やるなら、ライフワークのつもりで、コツコツと続けることだ。

皆がやっていないことだから、やり続ければ効果が高い。これならできるということに絞って、地道に続けてほしい。

優秀な営業は、人知れず、地道な努力をしている。決して派手なパフォーマンスだけで成績が上がるわけではない。

第8章　セルフ・モチベーション

46　営業を知らない人が損する、5つのとっておきのメリット
【営業の楽しさ】

営業は素晴らしい仕事

営業は素晴らしい仕事だ。心からそう思う。

たしかに苦労もある仕事だ。努力や工夫が必要だし、精神的なタフさも要求される。しかし、それを乗り越えたところには、何にも代えがたい景色が待っている。営業職に就くからには、ぜひともこの景色を味わってほしい。

経験の浅い営業が「営業はつらい」「自分は向いていない」などと愚痴を言うのを聞くことがあるが、壁を乗り越え切れていないだけだ。少しの努力と工夫で景色は変わる。ところが、壁を乗り越えられずに、辞めていく者も多いようだ。残念なことだ。

営業の楽しさを知らないで、営業をリタイアする人は不幸だと思う。営業には様々な楽しさがある。君には、その楽しさを知ってほしい。

色んな人と会える

営業は人と会う仕事だ。他の仕事では有り得ないほど、多くの人と直接会うことができる。

人は実に多種多彩だ。素晴らしく頭のいい人もいる。熱血漢もいる。高潔な人もいる。単純な人もいる。意地悪な人もいる。一本気な人もいる。冷徹な人もいる。世話好きな人もいる。調子のいい人もいる。無感情な人もいる。同じ人間でもこれほど違いがあるのかと驚くだろう。営業を何年か経験すると、みな人間通になる。人と会う機会が圧倒的に多いからだ。人間観察が好きならば、これ以上楽しい仕事はないだろう。

普通の生活をしていたら、会うことができないような人とも会えるのが、営業の仕事だ。テレビに出てくるような有名な会社の社長とも直接話す機会が何度もある。若くしてベンチャー企業を立ち上げた新進気鋭の起業家とも会うことがあるだろう。そんな人たちが、実際はどのような人物なのか、裏の顔を知ることもできる。

とくに面白いのが中小企業の経営者だ。多くは叩き上げで、才覚と度胸で世の中を渡っている。いずれも一筋縄ではいかない個性の塊だ。こうした方々と接する日々は、多くの刺激を与えてくれるはずだ。人は本当に面白い。それを知れば、営業は楽しくなるはずだ。

様々な業界のことを学べる

営業は様々な業種業態の会社や人を顧客にすることが多い。だから様々な業界の実情を知ることができる。

営業を真剣にやっていれば、否応なしに経済通になる。それは、本で読んだ表面的な知識ではない。営業の立場で、現場の状況を知った上での生きた知識だ。営業からすると、どんな経済学者や評論家の見解も表面的に聞こえてしまうだろう。

営業がその気になれば、世の中のリアルな経済の仕組みや動きが手に取るようにわかる。1つの会社に所属しながら、そのような知識を得られる仕事など他にはない。

目標達成できる

営業に目標やノルマはつきものだ。営業がキツイとこぼす者は、ノルマに追い立てられていると感じることが多いのだろう。

だが、ちょっとした工夫と努力をすることで、目標達成率は上がる。これまで教えたことを思い出してほしい。顧客ターゲットを絞り、訪問件数を上げ、信頼関係をつくり、真の課題を聞き取り、的確な提案をし、最後の一押しをする。さらにはもう一度買ってもらうための努力をする。

個々のプロセスでは、それほど大変な努力が必要になるわけではない。いずれもちょっとした工夫と努力をするだけでよい。大切なのは、そのちょっとした工夫と努力の積み重ねだ。営業は掛け算だと思ってほしい。1つひとつはちょっとしたことでも、掛け合わせれば、大きな差となっている。

超人的な活躍が必要なわけではない。誰でもできる小さなことを積み重ねるだけだ。その小さなコツがわかれば、営業の目標達成はゲームを攻略するようなものだ。自分のやったことが成果につながることを知ると楽しくなる。

目標達成が苦にならないように、本書を読み返して、小さなコツを掴んでほしい。

顧客の立場で会社を仕切れる

ビジネスにおいて唯一の収入源は顧客だ。会社にとって、顧客ほど大切なものはない。営業はそんな顧客の代弁者なのだ。会社内のどんな立場の人間も、顧客の代弁者たる営業を尊重しないわけにはいかない。

社長だって例外ではない。重要な顧客の意向を社長権限でむげにすることなどあってはならない。つまり、場合によって、営業は社長よりも発言に重みのある立場だ。

顧客の課題や要望を完全に把握し、代弁者の役割を完璧にこなしている営業は、会社を動かすことができる。プロジェクトリーダーのような立場で、商品企画や生産計画をも含んだ会社の動きを仕切ることもある。経営幹部でもないのに、このようなダイナミックな活動ができるのは営業でしかありえない。

ただし、顧客の意向を汲むのと、わがままを鵜呑みするのとでは雲泥の差だ。顧客の真意を読み取れずに、振り回されるだけの営業になったら、社内でも相手にされなくなるので、注意してほしい。

顧客の役に立てる

すべての職業は、何らかの形で社会の役に立っている。職業の尊さに優劣をつけるつもりはない。

【図表46　営業の楽しさ】

色んな人と会える
目標達成できる
会社を仕切れる
様々な業界
のことを学べる
顧客の役に立てる

だが、営業は、目の前にいる顧客の役に立つ仕事だ。見える形で喜ばれ、感謝されるのは格別の喜びがある。

営業の本質は、顧客の悩みや真の課題を見つけ出し、自社商品を使って、それを解決することだ。顧客が満足し、喜べば、取引は続くし、有望な見込顧客を紹介してもらえる。顧客の役に立てば立つほど、営業成績は上がり続ける。これほど理想的な仕事があるだろうか。

営業を長年やっていると、強い信頼で結ばれた顧客が多くなってくる。私でも同じだ。個人的に親友のような付き合いをさせていただく方が何人かいる。最初からウマが合う人ばかりではなかった。その方の役に立つことをしようと真摯に取り組んできたからだと自負している。営業ならではのことではないか。

新人の頃は、営業という仕事を「辛い、苦しい」と感じることがあるかもしれない。だが、それ以上の楽しさもある。経験を積んでいくと、どこかで楽しさが、辛さ苦しさを逆転する。そこからはもう思い悩むことはないだろう。

47　毎日、学び続けること。営業は学ぶ仕事である【営業が学ぶ方法】

営業は学ぶ仕事だ。営業でいる限り、学び続けなければならない。どれだけベテランで成績のいい営業でも、学ばなくなったら終わりだ。そこから凋落が始まる。

自社商品について学ぶ

新人営業は、まずは自社の商品について学ばなければならない。５項で説明したが、自社商品についてプロとしての知識を持つことは、営業として最低限の条件だ。スキルのない営業に顧客が求めるのは、その部分しかない。

自社商品については社内に実物や資料が豊富にあるので、学ぶのに困ることはない。ただし、より広範で深い知識を持つためには、技術に関する書籍や論文に当たってみよう。開発担当や技術者に聞けば、参考資料を紹介してくれるだろう。

顧客について学ぶ

次に学ぶべきは、顧客に関することだ。担当する顧客のことを、業種や業界の知識を含めて学ばなければならない。

顧客企業については、社内の取引履歴や前担当者からの聞き取り、ホームページを確認しよう。顧客訪問の際には、企業情報について確認し、知識を修正していこう（3項参照）。

業界に関しては、書籍で全体の知識を頭に入れておく。就活生向けの業界研究用の書籍でもよい。簡単な概要を知っておこう。その上で、日経新聞や経済誌をチェックして、業界の最新トレンドを仕入れておけばよい。

新人営業の頃はともかく、2年目、3年目の営業は、顧客企業の業界に関して知識があるとみなされている。詳細な知識でなくてもよいが、大枠だけでも知っていないと、営業として姿勢を疑われてしまう。

それに、日経新聞を読むクセをつけると、経済全体の流れもわかるようになる。顧客との雑談で、経済のトレンドぐらいは話せるようになっておこう。

営業スキルを学ぶ

営業スキルについては、上司や先輩からの指導を積極的に仰ごう。新人の頃は、お願いして、営業に同行させてもらおう。顧客先でどのような話をするのか、どのような態度で臨むのか、実際に見せてもらわなければわからないことが多くある。

自分が顧客先に訪問する際には、折に触れて、上司や顧客に同行してもらおう。自分では意識できない営業のクセや態度など、客観的な目で見てもらって、教えてもらおう。

営業スキルを鍛えるには、実践が一番だ。そこに上司や先輩のアドバイスが加われば、成長スピードが上がる。いくら上司が忙しくしていようと、こんなところで遠慮してはいけない。中堅営業になると、同行営業を頼みにくくなる。新人の頃は、上司や先輩を利用しつくそう。

書籍などで営業スキルを学ぶことも重要だ。特に、中堅クラスになり、自分なりの営業スタイルができたときにこそ、営業関連の書籍を読むべきだ。

現場で鍛えられているとはいえ、経験だけから学ぶことは、偏っている恐れがある。書籍から、一般的な営業の手法を学んでみよう。

営業関連書籍には、コンサルタントが書いた一般的な営業の方法や、実績のある営業が開示した自身の手法が書かれている。必ずしも、その手法を真似するわけではないが、チェックはしておこう。

時代とともに営業の手法は変わっていく。提案営業と言っていたものが、プロセス営業になり、コンサルティング営業などと呼ばれるようになった。これからは、ＩＴやＡＩを営業プロセスに採り入れていくようになるだろう。自身の経験をベースにしながらも、身につけた営業手法をアップデートする意思と勇気を持っておこう。

営業関連の研修やセミナーにも機会を見つけて参加すればいい。研修などでは書籍に書けないようなコアな話が聞ける場合がある。講師に質問できるのもいい。講師と波長が合い、営業手法に感心したならば、その講師を追いかけていけばいい。

今は、多くの講師がホームページを持っていて、情報発信している。有能な講師は、自身でも学

【図表47　営業が学ぶ方法】

営業は学ぶ仕事だ。営業でいる限り学び続けなければならない。

自社商品について学ぶ
- 実物を使用する
- 技術資料を読む
- 開発者、技術者に聞く

顧客について学ぶ
- 社内資料等で知識を得る
- 書籍で業界概要を学ぶ
- 新聞や雑誌で最新トレンドを学ぶ

営業スキルを学ぶ
- 上司や先輩の指導を仰ぐ
- 同行営業をお願いする
- 先輩や上司の営業を見せてもらう
- 書籍から学ぶ
- 研修やセミナーに参加する
- 講師やコンサルタントが発信する情報から学ぶ

び続けているので、発信する情報をチェックして恩恵を受けよう。

経験に固執していると老害になってしまう

ベテラン営業の中には、自分の手法に満足して、新しい考えを全く採り入れない人もいる。

経験は、何にも代えがたい学びの機会であるが、それだけに固執すると、時代に取り残される恐れがある。

時代が変われば、社会も変わる。何より顧客が変わる。顧客が学び、あるいは世代が交代し、新しい技術や手法を採り入れているのに、営業が学ばないとついていけなくなってしまう。

優秀な営業がいつしか時代に取り残され、若い者から「昔は、けっこう有能だったらしいよ」などと陰口を囁かれる存在になってしまうのは無残なものだ。そうならないためにも、営業は学び続けることをやめてはいけない。

48　営業記録を毎日つけよ。できる営業は記録して、行動を修正してきた

【営業記録の効用】

ベテラン営業との差を埋めるために

ベテラン営業には、若い営業にはない独特のセンスがある。圧倒的な営業経験があるので、見極めが早い。案件の概要を見るだけで、どのような取組みをすればうまくいくかを判断できる。営業案件には類型がある。ベテランならば、何度も扱ってきたものばかりなのだ。

つまり営業センスの正体は、過去の経験の蓄積なのだ。新人営業には、望むべくもない。

ただし、若い営業が、短期間でベテランなみのセンスを身につけることは、不可能ではない。

私がすすめるのは、「営業記録」（図表48）を毎日つけることだ。

多くの会社には営業記録をつける制度がある。詳しい営業状況を記載する義務がある会社もあるし、結果だけを簡単に報告するだけでいい会社もある。それぞれの会社の考え方が、営業記録制度にも表れている。

個人用の営業記録をつける

ただ、営業として成長したいと思うならば、営業記録をつけることは大変有効だ。簡単な報告し

か義務づけられていない会社の営業は、個人用の営業記録をつけていくべきだ。

私も若い頃から、大学ノートに自分なりの営業記録をつけてきた。うまくいったこと、いかなかったこと、顧客に喜ばれたこと、失望されたこと、中には、思い出すのも恥ずかしい失敗の記録もある。勢い込んで取り組んだもののうまくいかずに途中で頓挫した計画の記録もある。努力が徒労に終わった記録もある。そんな失敗の記録であっても正面から向き合って書き残しておくべきだ。

書くことは、考えながら行動すること

書くことは、その日の営業活動を追体験することだ。書くことで、成功体験も、失敗体験も、忘れ去られることなく、記憶に刻み込まれる。

それだけではない。書くことは考えることだ。今回の案件が、過去のどの案件に似ているのか、そのときはうまくいったのか、いかなかったのか、どうすればうまくいくのかを考えることになる。うまくいかなかったときは、なぜ失敗したのかを反省し、行動を修正することができる。

毎日、記録をつけることとは、考えながら行動することを繰り返しているということだ。ただ漫然と日々を過ごす者よりも、はるかに充実した営業経験を積むことができ、意識して営業スキルを高めることができる。ベテラン営業の過去の経験に根差した営業センスなどよりもはるかに、高度な営業能力を身につけることができるだろう。

【図表48　営業記録の効用】

新人が短期間でベテランなみの営業センスを身につけるには、
営業記録を毎日つけるとよい。

書くことで、その日の営業活動を追体験できる。
営業行動をふり返り、修正するためのヒントになる。
客観性が持てるようになり、部下の指導に役立つ。

営業マネージャーになるときに役に立つ

将来、営業マネージャーになるときも、営業記録をつけてきたことが大いに君を助けるだろう。

書くことは客観性を持つことだ。書くことを続ける者は、自分の考えや行動を他人に説明する能力を身につけていく。

それは、部下を指導する際に必須の能力だ。営業目標達成能力は高いのに、部下を指導できないベテラン営業が多いことを思い起こしてほしい。彼らは、客観的に説明する能力を身につけてこなかったのだ。

営業マネージャーになれば、自分の成績よりも、チームの成績に責任を持たなければならない。一営業でいるときとは違った能力が求められる。マネージャーは、次に続く者を育ててこそ評価される。

営業記録を毎日つける者は、優秀な営業マネージャーになっていくだろう。経験だけのベテランになるのではなく、考えて行動できる営業を目指してほしい。

49　どんなに忙しくても、重要な仕事を忘れてはいけない【緊急—重要マトリクス】

何をすべきかを自分に問う

営業は時間との戦いだ。時間さえあれば、もっとできたのにという愚痴や言い訳をよく聞く。時間が足りないのは、人類共通なのに甘えた言い分だ。

君にとっても、時間は最初にして最強の敵となるだろう。どんなに忙しくても時間は容赦してくれない。気が付けば1日が終わり、1週間が終わり、月末になる。営業目標達成の方法を吟味する暇もなく、期日が過ぎてしまっている。時間に追われ続ける毎日だ。

忙しいと、人は我を失う。来た仕事をただこなすだけになり、目標達成も、営業としての成長もなくなってしまう。そうなってはならない。

忙しいときにこそ、自分が何をすべきかを振り返ろう。

重要か、緊急かを意識する

仕事には、重要な仕事と緊急の仕事がある。重要な仕事とは何か、緊急の仕事とは何かをよく吟味した上で、取り組むクセをつけよう。

重要な仕事とは、自分の目標達成に資する仕事だ。規模の大きな企画案件、将来性の高い顧客からの仕事、会社の戦略方向性に合致する仕事などだ。

緊急な仕事とは、いますぐに手をつけなければならない仕事だ。いま、声がかかっている、見積もり依頼がある、クレームがあるといった仕事だ。

優先すべきは、緊急でなくても、重要な仕事

重要かつ緊急な仕事が最優先されるのは言うまでもない。重要ではなく、緊急でもない仕事は後回しにすればいい。誰でもわかるだろう。

しかし、次に優先されるべきが、重要だが緊急ではない仕事であることを多くが知らない。賭けてもいい。仕事に追われている者は、重要かそうでないかに関わらず、緊急性の高い仕事だけに囚われてしまっている。

もちろん、クレーム対応を後回しにするわけにはいかない。いま声がかかっている顧客をむげにはできない。見積もり対応はいますぐにしなければならない。緊急性の高い仕事は、後回しにできない仕事なのだ。

だが、優秀な営業は、そんな中でも「本当は、重要性の高い仕事に取り掛からねばならない」という意識を持ち続けている。忙しいときに、手をつけられない重要な仕事のことを思い起こせるかどうか。このほんの小さな違いが、優秀かそうでないかを分ける。

【図表49　重要―緊急マトリクス】

	緊急性の高い仕事	緊急性の低い仕事
重要な仕事	◎	○
重要でない仕事	△	×

ダメな営業は緊急な仕事に囚われている

ダメな営業は、いますぐにしなければならない仕事だけに忙殺されて、1日が終わったときに「今日はよく働いた」などと満足してしまっている。下手をしたら、緊急性が高いだけで、重要ではない仕事しかしなかった1日かもしれないのに。

優秀な営業はそんな1日があれば、満足などしないだろう。重要な仕事ができなかったという思いを抱くはずだ。明日ならできるかもしれない。明後日かもしれない。重要な仕事に取り組むはずだ。その小さな意識の違いが、1か月、1年、3年と経るごとに大きな違いになっていく。蓄積というのは、気づけば取り返しのつかない差となっているものだ。

まずは、自分にとって何が重要な仕事であるかをはっきりと規定しよう。自分が本当にすべき仕事は何かを明白にしよう。それが、時間との闘いに打ち勝つ第一歩となる。

50　苦手な人でも、類型に当てはめれば、苦手でなくなる【苦手な人に営業するには】

苦手な顧客はいる

「営業が苦手だ」「営業には向かない」と言う人と話をしていると、多くの人が「苦手な顧客がいる」「合わない顧客と会いたくない」という意味で言っているようだ。

人間だから合う、合わないはある。ウマの合わない顧客とは会いたくない気持ちはわかる。ただ営業は、人と会う仕事だ。ウマの合わない顧客とも会わなければならないときはある。

私にも苦手なタイプの顧客はいた。私は48項のように営業記録をつけていたが、苦手な顧客のことを書くのは、気が重かったものだ。

だが、これも記録の効用だ。書いているうちに、前にも同じように苦手は顧客がいたことに気づいた。たしかに似ている。私は同じタイプの顧客を苦手にしているようだった。

人間はタイプ分けできる

ここから、顧客のタイプを意識するようになった。人間は千差万別のようでいて、いくつかのタイプに分かれることを発見した。

タイプごとに傾向がある。どういう注意点があるか、どうすれば機嫌を損ねるか、気分をよくすることができるか、タイプ分けしてみると、対処法がある。初めての顧客でも、タイプを見極めてしまえば、対応に困ることが少なくなった。

本来、人間はもっと複雑かもしれない。しかし、類型化することで、こちらの姿勢が決まる。苦手なタイプを前に対応に苦慮することが少なくなった。

仕切りたがるタイプ

自分が仕切らないと気が済まない人がいる。どんな小さなことでも自分のルールを押しつけようとし、コントロール下に置きたがる。自分のすすめるものを人が受け入れないのが許せない。仕事以外の些細なことでも、従わなければ機嫌が悪くなる。

こういうタイプには、大事なこと以外は任せてしまえばよい。何でも決めてくれるのである意味楽だ。うまく誘導すれば、どんどん話を進めてくれる。どうしても譲れない条件だけは守るようにしよう。話せばわかる人が多いので、これだけは守りたいということをお願いすれば、聞き入れてくれる。

自分より劣っている人なら警戒しないので、営業側はバカにされる程度がよい。「こういう場合はどうすればいいかわかりません。ご教授ください」とお伺いを立てれば、「こんなこともわからないのか」と言いつつも気分よくなってくれるだろう。

調子のいいタイプ

いつも機嫌がよく調子がいい。人の感情を読むのがうまく、盛り上げ上手なので、この人がいるところは明るい雰囲気になる。人情味もあり、慕っている人が多い。

前向きな話が多いので、営業交渉も進んだ気になるが、話がコロコロ変わり、いっこうに進まない。このタイプは、目の前の人を喜ばせようと思うあまり、リップサービスが多くなる。言ったことを覚えてもいない。約束を守らないこともしばしばだ。いや、約束したという意識もない。話を半分に聞いておいたほうがいい。

自分で決めるのは苦手で、責任をとるのも嫌がるが、常に場の中心でいたい。このタイプには、うまくおぜん立てをして、神輿に乗るだけでいい状態をつくってあげよう。

優柔不断なところがあるので、強引に進めるぐらいがいい。決断することが苦手なのは意識しているので、場を仕切れる人には弱い。段取りはこちらでつけて、うまく花を持たせるようにすればいい。

信念の強いタイプ

自分なりの信念があり、並大抵のことでは譲ろうとしない。一度決めたことは貫き通す。貫き通すことが矜持だと考えている。だから約束したことは守る。

何事にもこだわりが強いが、他人から見れば、そのこだわりの意味がわかりにくい。一見、理解されなくても、平気な態度を取ろうとする。

人の進言は聞こうとしない。むしろ批判的な言動は態度を頑なにさせる。偏屈だと言われるほどだ。他人に攻撃的になることもある。批判を恐れないので、攻撃は辛辣だ。

慣れあうような関係は求めていないが、密かに理解してくれる人は欲しいと思っている。だからこのタイプは、その信念やこだわりをよく理解することから始めよう。その人なりの内側の理屈を知れば、首尾一貫していることがわかるだろう。

とっつきが悪いタイプだが、一度、心を許すと、結びつきは強い。人情味があり、面倒見がいい。滅多なことでは心変わりしないので、関係は長続きする。味方になれば、頼もしい存在だ。

説得にかかるよりも、まずは仲間になることを優先しよう。何よりも信頼関係をつくることが、営業をうまく進める秘訣となる。

熱の薄いタイプ

表情が乏しく、感情を読みにくい。喜怒哀楽があまりない。いつも冷静で、勢いに乗せられることがない。

情熱を感じさせないタイプだが、仕事はそつがなく抜け漏れがない。知識も豊富だ。調子はいつも一定だが、興味のある分野には、熱心になることがある。

決められたことを粛々とこなすことに向いている。ルールを遵守し、無茶はしない。恩義をかけ

【図表50　人はタイプ分けできる】

タイプ分けすることで、客観的になる。好き、嫌いという感情も一歩離れた場所から見ることができる。

仕切りたがるタイプ 小さなことでも自分ルールを押し付けたがり、コントロール下に置きたがる。 大事なこと以外は任せてしまって、花を持たせ、実を得るようにするとよい。	**調子のいいタイプ** いつも明るく調子がよい。心を読むのがうまく、人情味もある。その場を盛り上げるために空手形を切る傾向にあるので、話半分に聞いておく。交渉は強引気味に進めるとよい。
熱の薄いタイプ 表情が乏しく、喜怒哀楽を感じさせない。いつも冷静。仕事はそつなくこなし、知識は豊富。 強引に進められるのが嫌いなので、ルール通り事務的に取り組んでいけば受け入れられる。	**信念の強いタイプ** 一度決めたことは曲げない。人の意見に左右されない。偏屈気味だが、理解者を求めている。まずはその信念を理解するようにする。一度、心を許すと、仲間意識が強くなる。

たり、かけられたりすることに無頓着だ。

このタイプは、ルール通り、やるべきことをきちんとしていれば、受け入れてくれる。機嫌を取る必要もない。

ただし、無理に押し進めようとすれば、極端に嫌がられる。淡々とした相手のペースを乱さずに、事務的に取り組んでいけば話を進めることができる。

このほかにもいろいろなタイプがあるかもしれないが、私はこの４つに分類し、対応するようにしている。必ずしもこのままである必要はない。自分が対応しやすいように、タイプ分けをすればいい。

タイプ分けすることで、客観的になる。好き、嫌いという感情も一歩離れた場所から見ることができる。苦手な顧客に苦しんでいる人は、試してみてほしい。

おわりに

最後まで読んでくれてありがとう。

営業になったばかりの頃は、誰もが不安を感じるものだ。そんな君へ、営業の先輩として、指針を示したつもりだ。本書で教えたことは、基本的なことばかりだ。これなら、新人の君でもできると思ってもらえたことだろう。

たしかに営業の仕事は範囲が広く、多岐にわたる。単純作業ではなく、知恵と工夫がいる。全体でみると、複雑に思えてしまうかもしれない。しかし、その内容の1つひとつは決して難しいものではない。少し工夫すれば、誰でもできることばかりだ。

優秀な営業は、それを知っている。どんな大きな企画も、複雑そうに見える案件も、難しく見える顧客も、営業としてやりようがないものはない。1つひとつのプロセスは、本書で教えた基本的なことばかりだ。それを積み重ねていくことで、どんな複雑な案件も解きほぐせる。

基本的なことを着実に実行すること、それが、営業の唯一の秘訣なのだ。

いま巷では営業不要論が囁かれている。進化したテクノロジーが、営業の仕事に置き換わっていく、という考えだ。確かに、一部の業界ではセールステックが導入され、営業の仕事が見直されつつある。抱えていた営業人員を減らす企業も出始めている。

しかし、心配することはない。テクノロジーを使うのは人間だ。使いこなせるのは、営業に精通した者だけだ。むしろ、どの部分をテクノロジーに任せ、どの部分を人間が担うかを設計できる営業は、これまでとは比べものにならないほどの大きな力を得る。

そのためにも、本書で伝えた基本をよくマスターしてほしい。営業の役割を自覚し、営業プロセスを理解し、目標達成のための行動を把握する者は、これからも必要とされる。

本書をすべて読んだ君は自信を持ってほしい。いま、君は、営業として必要な知識をすべて持っている。後は、それを組み合わせ、応用していくだけだ。

これからは実践あるのみ。

営業ほど努力が報われる仕事はない。今回教えたことを守って、コツコツと真摯に取り組めば、必ず、いい営業になれる。

営業としての君の人生が実り多きものであることを心から願っている。

駒井　俊雄

２０２０年３月

著者略歴

駒井　俊雄（こまい　としお）

1964年大阪生まれ。大阪府立大学社会福祉学部卒業。現在、株式会社クリエート・バリュー代表取締役。

日本酸素株式会社魔法瓶事業部(現サーモス株式会社)で14年間の営業マン生活を過ごし、セールスコンテストで優勝2回の実績を持つ。入社当初の魔法瓶事業部は日本で万年3位の赤字事業部で、身売りや廃業が取りざたされていたが、その事業部が崖っぷちで営業改革をなしとげ、わずか7年で世界トップ企業に駆け上がった。そのプロセスを当事者として経験。理詰めで市場シェアを向上させていく営業手法の存在に衝撃を受けた。その営業手法の基盤となった「ランチェスター戦略」や「マーケティング戦略」の研究に没頭。

経営コンサルタントとして独立した後は、自らが体験した「世界一になる営業改革」を、コンサルティングや研修で伝授する傍ら、全国で講演・セミナーを数多く行っている。


新人諸君!!「できる営業」になる50のコツ

2020年4月10日発行

著　者　駒井　俊雄 ©Toshio　Komai

発行人　森　　忠順

発行所　株式会社 セルバ出版
〒113-0034
東京都文京区湯島1丁目12番6号 高関ビル5B
☎ 03 (5812) 1178　FAX 03 (5812) 1188
https://seluba.co.jp/

発　売　株式会社 創英社／三省堂書店
〒101-0051
東京都千代田区神田神保町1丁目1番地
☎ 03 (3291) 2295　FAX 03 (3292) 7687

印刷・製本　モリモト印刷株式会社

●本書の内容に関する質問はFAXでお願いします。

Printed in JAPAN
ISBN978-4-86367-570-4